科学巨人

中国科学家的榜样故事

林巧稚

松 鹰 主编
郭建尧 编著

童趣出版有限公司编　人民邮电出版社出版
北　京

图书在版编目（CIP）数据

林巧稚 / 松鹰主编；郭建尧编著；童趣出版有限公司编. -- 北京：人民邮电出版社，2021.8
（科学巨人. 中国科学家的榜样故事）
ISBN 978-7-115-56194-7

Ⅰ. ①林… Ⅱ. ①松… ②郭… ③童… Ⅲ. ①林巧稚（1901-1983）－生平事迹－少儿读物 Ⅳ. ①K826.2-49

中国版本图书馆CIP数据核字（2021）第052424号

责任编辑：张宇红
执行编辑：陈飞亚
责任印制：孙智星
美术编辑：段　芳

编	：童趣出版有限公司
出　版	：人民邮电出版社
地　址	：北京市丰台区成寿寺路11号邮电出版大厦（100164）
网　址	：www.childrenfun.com.cn

经销发行：010-81054120
读者热线：010-81054177

印　刷	：天津千鹤文化传播有限公司
开　本	：880×1270　1/32
印　张	：5.75
字　数	：120千
版　次	：2021年8月第1版　2024年7月第7次印刷
书　号	：ISBN 978-7-115-56194-7
定　价	：28.00元

版权所有，侵权必究。如发现质量问题，请直接联系读者服务部：010-81054177。

序

林巧稚是杰出的妇产科女医学家，中国妇产科学的开拓者。1921年她考入北京协和医科大学，8年后以优异成绩获得医学博士学位，毕业后任协和医院妇产科医生。她把事业放在第一位，在事业与个人幸福不能两全时，宁肯独身。抗战爆发后，她留在沦陷中的北平自办诊所，手提诊箱为难民看病，与同胞共赴国难。1949年以后，她潜心医学科学研究，治疗新生儿溶血病等绝症及其他疑难杂症，撰写科学论著，培养了大批优秀医生，为中国妇产科学做出了重要贡献。她妙手接生5万多个婴儿，把全部的爱倾注在祖国的下一代身上。她是中国科学院第一位女学部委员（现称院士），并代表国家参加世界卫生组织顾问委员会，在国内外均享有崇高的声望。林巧稚是医学界的楷模，中国妇女的骄傲。

林巧稚是中国妇女界杰出的代表，她的成就是中国妇女的骄傲。
——康克清（全国政协原副主席、全国妇联原主席）

林巧稚教授是我国妇产科学的开拓者，她一生勤奋，医德高尚，医术精湛。林巧稚的名字在医学界、在接触她的人中，有口皆碑。

她是新中国医学界的楷模。

——吴阶平（全国人大常委会原副委员长）

　　林巧稚大夫是我国老一辈医学界的杰出代表。她以对祖国、对人民的一片赤诚，把毕生精力献给了我国的医学事业。她是祖国的骄傲，中国妇女的光荣，中国医学界的典范。

——钱正英（全国政协原副主席）

前言

中国因他们而自豪

这套《科学巨人——中国科学家的榜样故事》系列丛书共10本,由松鹰主编和统稿,邀请国内多位作家参加撰写。主要介绍10位中国的科学家,他们分别是詹天佑、茅以升、李四光、竺可桢、梁思成、林巧稚、华罗庚、钱学森、邓稼先、袁隆平。

詹天佑是中国杰出的爱国工程师,他主持修建了中国自主设计并建造的第一条主干铁路——京张铁路,被誉为"中国铁路之父";茅以升是中国桥梁事业的先驱,他主持设计并组织修建的中国第一座现代化大型桥梁——钱塘江大桥,成为中国铁路桥梁史上的一座里程碑;李四光是"中国地质学之父",他为中国甩掉"贫油"的帽子,为创立地质力学理论做出了重大贡献;竺可桢是中国近代地理学和气象学的奠基者、中国物候学的创始人;梁思成是中国著名建筑学家、古建筑保护的标志性人物;林巧稚是中国妇产科学的奠基人之一、北京协和

医院第一位中国籍妇产科主任,也是首届中国科学院唯一的女学部委员(现称院士);华罗庚是国际数学大师,被誉为"中国现代数学之父";钱学森是"中国航天之父",由于他的卓越贡献,中国导弹、原子弹的研发向前推进了至少20年;邓稼先是"两弹元勋",为中国核武器的研发做出了杰出的贡献;袁隆平是"杂交水稻之父",他的成就为中国乃至世界粮食事业做出了巨大贡献。

这10位中国科学家,是中国科技的先驱者,是中国各个科技领域的旗手。他们为中国近现代科技的发展做出了巨大贡献,在世界范围内也享有盛誉。他们为伟大的祖国争了光,不愧是中国的骄傲!

这10位科学家的身上有许多宝贵的东西,值得我们学习。

一是爱国主义情怀。詹天佑幼年留学美国,回国后用学到的工程技术,投身于中国初期的铁路事业。在詹天佑之前,中国只有几条铁路,而且都是外国工程师主持修建的。詹天佑是第一位在中国成功主持修建铁路干线的中国工程师,在铁路工程技术领域打破了外国人的垄断。茅以升、李四光、竺可桢、梁思成、华罗庚和钱学森这些科学家,早年也都曾出国留学,

并且事业有成。他们毅然放弃国外优厚的待遇，有的还克服重重阻挠，回到祖国的怀抱，用所学报效国家和人民，为中国科技的发展做出了开创性的贡献。茅以升在20世纪30年代主持设计并组织修建了中国第一座现代化桥梁——钱塘江大桥，为中国桥梁事业做出了突出的贡献。邓稼先是美国普渡大学的博士，1950年，他毅然回国，投身于我国核武器的研制，为祖国的强盛做出了不可磨灭的贡献。

　　二是勇攀高峰的创新精神。华罗庚只有初中文凭，但是他自学完成了高中和大学低年级的全部数学课程，20岁时就以一篇论文轰动数学界。他不迷信权威，勇闯世界数学高峰，在多复变函数论、矩阵几何学等方面的成就卓越，被公认为国际数学大师。袁隆平是中国杂交水稻事业的开创者，是当代"神农"。几十年来，他始终在农业科研第一线辛勤耕耘、不懈探索，运用科技手段为人类战胜饥饿带来绿色的希望和金色的收获。李四光在科学研究上独立思考，不迷信外国权威，创立了地质力学理论，为中国找到了大量的石油资源和稀有矿藏，为中国甩掉"贫油"的帽子做出了重大贡献。他晚年还壮心不已，抱病对地震预报、地热开发等做了大量研究。

　　三是可贵的奉献精神。邓稼先为了研制中国的核武器，隐姓埋名20多年，并为此奉献了自己的生命，但他从不后悔。袁隆平从事杂交水稻研究半个多世纪，呕心沥血，苦苦追求，其卓越成就，不仅为解决中国人民的温饱问题和保障国家粮食的安全做出了贡献，更为世界和平和社会进步树立了丰碑。竺可桢在气象学、气候学、地理学、物候学、自然科学史等方面的造诣很深。他始终从科学的视角，关注着中国的人口、资源、环境问题，是"可持续发展"的先觉先行者。林巧稚不仅医术高明，她的医德、医风、奉献精神更是有口皆碑，她心中始终装着妇女、儿童。林巧稚一生亲自接生了5万多个婴儿，她把每一个婴儿都看作自己的孩子。

此外，梁思成为了保护中国古建筑文化遗产不遗余力。作为中国著名建筑学家、古建筑保护的标志性人物、中国建筑学界的一代宗师，他毕生致力于中国古建筑的研究和中国的建筑教育事业，为祖国培养了大批建筑人才。美国学者费正清称赞梁思成、林徽因夫妇说："无论疾病还是艰难的生活都无损于他们对自己的开创性研究工作的热情。就是在战时，梁思成依旧用英文写成了《图像中国建筑史》。在我们的心目中，他们是不畏困难、献身科学的崇高典范。"

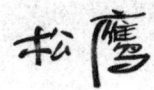

林巧稚生平简历
1901—1983

1901
12月23日出生于福建省思明县（今厦门市）鼓浪屿一个教员家庭。

1906
母亲病故，同年入幼儿园。

1914 就读于鼓浪屿"高等女学"。

1921
20岁考入协和医科大学，学制8年。

1929
毕业于协和医学院，以最优学业成绩获"文海奖学金"。毕业后受聘于协和医院，成为妇产科住院医师。

1932
前往英国曼彻斯特医学院和伦敦妇产科医院进修。

1939
9月赴美国芝加哥大学医学院进修。

1940
回国后任协和医院妇产科主任，为该院第一位中国籍女主任。

1942
协和医院停办后自办"林巧稚诊疗所"。其间兼任中和医院（前身为中央医院，现为北京大学人民医院）妇产科主任。

1948
协和医院复办，回到该院任妇产科主任。

1962
以脐静脉换血法治愈新生儿溶血病。

1965
参加中国医学科学院组织的巡回医疗队，到湖南农村巡回医疗3个月，其间治疗了多名病人。

1978
任中国人民友好代表团副团长，出访西欧四国。到英国伦敦后患病，执意回国治疗。

1980
疾病复发住院。

1983
4月22日上午病情恶化，经抢救无效逝世，终年82岁。

Contents 目录

序
前言
林巧稚生平简历

引言 ··· 1

第一章 志向
被遗弃的女婴 ··· 3
幼年丧母 ··· 8
鼓浪屿 ··· 15
立志学医 ··· 21

第二章 目标：协和医科大学
编织理想的花环 ··· 29
划着"金小船" ··· 35
考场上 ··· 39
金榜题名 ··· 44

第三章 学海竞舟
不言败 ··· 48
和男同学比高低 ··· 50
不违父愿 ··· 56
夺魁 ··· 64

第四章 永不止步
无悔选择 ··· 71
签下聘书 ··· 74
再上新台阶 ··· 79
别了，爱神 ··· 87

第五章 丹心
我是中国医生……………………………………… 92
救治难民…………………………………………… 99
祖国，我回来了…………………………………… 109
林巧稚诊疗所……………………………………… 116

第六章 科研硕果累累
明朗的天空下……………………………………… 124
救救新生儿………………………………………… 126
让妇科癌症低头…………………………………… 133
随时随地的值班医生……………………………… 140

第七章 春蚕吐尽了丝
发挥余热…………………………………………… 153
八十大寿…………………………………………… 160
最后的时光………………………………………… 164

第八章 身后
瞑目长眠…………………………………………… 166
不尽的哀思………………………………………… 168
丰碑永存…………………………………………… 169

引言

俗话说："救人一命，胜造七级浮屠。"良医常有"治病救人"的事迹被传为美谈，他们也因此得到人们的称赞和尊敬。

现在我们要介绍的不是古代的扁鹊、华佗，而是当代的一位女名医。

她的母亲在她年幼时死于妇科疾病，目睹旧中国许许多多妇女深受妇科疾病的折磨，她立下了伟大志向：学医！为此，她勤奋好学，考入协和医科大学；她刻苦钻研，以第一名的成绩获得了协和医学院最高荣誉奖；她毕业后未听从他人的好心劝告，毅然决然地选择了当一名妇产科医生。

她鞠躬尽瘁，矢志不渝，一辈子为妇女和婴儿辛勤工作。

她在国难当头的艰难岁月自办诊所，为妇女看病。遇到有困难者，她免收诊金，有时还解囊相助。

她多次谢绝国外的高薪聘请，把自己的智慧和爱心奉献给了祖国的医疗科学事业。

她看似平凡，没有叱咤风云、惊天动地之举，却在平凡中见伟大，她的奉献精神感人至深。

她虽然没有建立自己的家庭，却拥有许多孩子——由她接生的婴儿在5万个以上。她生前留下感人肺腑的遗嘱：把全部积蓄捐给幼儿园、托儿所，把遗体献给医学研究事业。她像春蚕一样，将吐出的每一根丝都献给了国家和人民。

她叫林巧稚，她是中国妇女的楷模！

第一章 | 志向

被遗弃的女婴

女婴刚从母亲的腹中离开,便被赤裸裸地遗弃在床脚。她舞动着稚嫩的小胳膊,踢蹬着血红的小脚丫,声嘶力竭地哭叫,似乎在向人世间呼喊:"为什么要抛弃我?为什么呀?"

产妇疲惫地躺在床上,泪水从眼眶涌出,沾湿了散乱的鬓发。她本该像许多分娩后的母亲那样幸福地合上眼,睡个好觉。然而她没有,婴儿的哭声像针一样扎在她的心上,那被扎伤的心正在淌血。

产妇名叫何晋,是福建省厦门市郊外的农家女。20年前她嫁到林家,与新加坡归侨青年林良英结为夫妻,在鼓浪屿落户。婚后一年,她生下大女儿款稚,4年后生下大儿子振明,后来又生下二女儿预稚。全家五口靠着林良英在中学当教员拿薪俸过日子,生活用度很吃紧。

前几年,何晋生了一场大病,家里的积蓄全用光了。在这样的窘境下,何晋又有了身孕,她在心里琢磨道:生活如此艰难,再添个孩子,不就是在丈夫肩上已经很沉的担子里又添块大石头吗?

于是,她打定主意将生下来的孩子扔掉。

这天清晨，林良英早早去了学校。何晋独自一人经受着分娩的痛苦和折磨，孩子终于生下来了。是个女婴！她将小女儿扔在床脚，任孩子怎么挣扎、啼哭，也改变不了她的主意。

"哇——哇——哇——"婴儿好像在说，"妈妈不要我了！妈妈 不要我了！"

"哇——哇——哇——"婴儿好像在呼喊，"爸爸，救救我吧！ 爸爸，你在哪儿？"

此刻，她的爸爸正在海边悠闲地散步，还不知道家里又添了个小女儿呢。

工作之余，林良英总喜欢到港仔后海滨散散心。这里横亘着一条约400米长的沙滩，走在松软的细沙上，任海风轻轻地吹拂，听海浪哗哗的声音，林良英全身的疲劳都消失了。这天，林良英从学校回家，也顺路来到沙滩上散步，却感觉没有以往那么舒心，是什么原因，他也不清楚。

冬天的夕阳洒下柔和的橘红色光辉，林良英瘦高的身体在沙滩上留下了长长的影子。他掏出一块老式怀表，一看，指针已指向5点钟。这时，他想起妻子，心里产生一种预感：算算时间，分娩的日子近了，会不会就在今天？

林良英疾步回家。他一进家门，发现饭厅冷冷清清，瞥了一眼厨房，不见妻子熟悉的身影。他侧耳一听，隐隐有婴儿的哭声。他三步并作两步跑上楼，慌忙推开房门。眼前，妻子平躺在床上，一个全身赤裸的婴儿躺在床脚。可怜的孩子，四肢已经无力抽动了，粉嫩嫩的皮肤冻得发紫，嘴里发出微弱的哭声。

他一个箭步上前，俯身抱起快要冻僵的女儿，用毛巾擦拭掉她身上的血污，然后解开上衣的纽扣，把孩子紧紧贴在自己的胸前，哄她、暖她。慢慢地，孩子的哭声停了，全身又泛起了红晕。

林良英严厉的目光落在了妻子身上。只见她伤心地抽搐着，苍白的脸上挂着两行晶莹的泪珠，嘴唇轻轻地翕动："良英，咱家孩子多，我不想养她了。"

林良英原想责备妻子，可看着她那凄然的神情，听着她那酸楚的话语，心也就软了下来。妻子是为了减轻他生活的重担，要不，做母亲的怎么舍得遗弃从自己身上掉下的骨肉？他轻声说："你怎么能这么做？咱家再穷再苦，从你我的嘴里省下几口饭，也能把这孩子拉扯大。"

"这又是何苦呢？"妻子叹口气说。

"你胡说什么？"林良英反问道。他低头亲了一下女儿稚嫩的脸蛋儿，高兴地说："这孩子眼是眼，嘴是嘴，分分明明，多伶俐，多可爱，说不定将来会是个人才呢。"

何晋见丈夫这么喜欢刚生下来的女儿，脸上露出欣慰的笑容，心里的苦恼全都消失了。她提醒丈夫："你别高兴得太早了，吃苦的日子还在后头呢。"

林良英兴致勃勃："再大的苦，我吃，你也吃，咱俩一起把她拉扯大！"说着把孩子送到她身边，说："这孩子的小命差点儿叫你断送了，你这狠心的妈妈，该补一补刚才的过失，疼一疼你的亲生女儿了吧！"

何晋诚恳地接受了丈夫的批评，细心地接过孩子，这才端详起自己的女儿，嘴角掠过满意的微笑："这孩子比她的两个姐姐都长得好！"说着，开始给孩子喂奶。孩子吮吸着乳汁，一会儿就睡着了。

何晋抬起头，见丈夫正踱着方步。每当他在思考问题时，总喜欢把双手放在背后，在房间里踱来踱去。这会儿他又在想什么呢？她疑惑地望着丈夫，见他并非紧锁眉头，而是扬起眉毛，喜形于色，双手一拍，脱口喊出："想出来了，我给小女儿取名字了！"

"真的？"何晋关切地问，"取了什么好名字？"

林良英说:"大女儿叫款稚,二女儿叫预稚,咱们这三女儿水灵灵的,小嘴长得巧,微翘的鼻子也巧,就盼她长大后做人办事比谁都巧,就叫她巧稚吧。"

何晋高兴地说:"巧稚,这名字好听,我喜欢!"

人民医学家林巧稚就这样来到了人间!

这一天,是农历辛丑年十一月十三,公元1901年12月23日。

幼年丧母

鼓浪屿坐落在我国东南沿海的万顷碧波之中,浪花簇拥,沐风浴日。小岛上绿树红花,艳丽多姿,房屋错落有致,素有"海上花园"之称。

日光岩是鼓浪屿的最高处,又称龙头山,与厦门虎头山隔海相望,龙盘虎踞,雄峙海天。在日光岩上能俯瞰依山而建的一座座风格不一的楼房,其中最引人注目的一座,屋顶呈八卦形,鼓浪屿人称它"小八卦楼"。这是一座中西合璧的建筑:八卦屋顶,雕花檐梁,是典型的中式风格;而那宽敞的走廊,落地的窗门,羊蹄甲、一品红、含笑花相映成趣的庭院,却颇有西洋气派。

林良英一家就住在这座楼房里。

庭院里的龙眼树种是 1901 年种下的,5 年后已长成小树;巧稚和树种一起长大,成了一个活泼可爱的小姑娘。她常常穿着妈妈缝制的花裙在庭院里奔跑,见到伫立在花朵上的蜻蜓便

第一章 志向

蹑手蹑脚地靠上前。刚一伸手,蜻蜓便警觉地扇动翅膀,悠悠地在她头上打起旋来。巧稚并不气馁,蜻蜓飞到哪里,她就追到哪里,庭院里响起她那银铃般的笑声。

跑累了,她便坐在草地上休息,望着天空中飘动的云朵,唱起好听的歌。她的嗓音洪亮,音色优美,一家人都喜欢听她唱歌。哥哥振明还教她练声,她常常独自站在走廊上"哆、来、咪"一个劲地唱。爸爸给她起了个洋绰号——丽咪,全家人都跟着叫,叫久了,丽咪便成了巧稚的小名。

这天,林良英备完课,从书案前站起,望见巧稚独自坐在窗外走廊的矮凳上,翻着他从新加坡带回来的洋图书。这孩子

真乖,刚才看见爸爸在备课,便自己看起书来。林良英心里暖烘烘的,顺手从书桌上抽出一张纸,折成一只纸飞机。他招呼巧稚来到自己的身边,巧稚看见纸飞机,喜出望外,叫道:"我喜欢!给我吧!"林良英故意把纸飞机举过头顶,巧稚怎么也拿不到心爱的纸飞机。

"丽咪,唱一支歌给爸爸听吧。"林良英说。

巧稚亮开嗓门儿唱起一首叫《摇小船》的童谣:

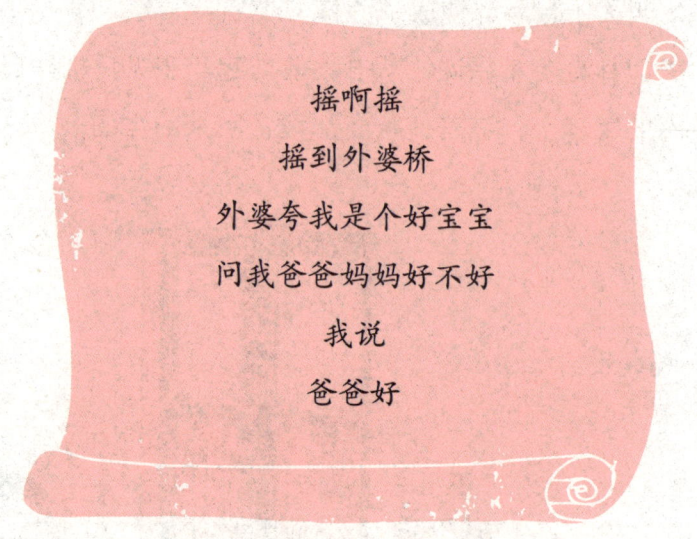

摇啊摇

摇到外婆桥

外婆夸我是个好宝宝

问我爸爸妈妈好不好

我说

爸爸好

"妈妈——"

巧稚忽然停下了,翘起小嘴,看来她不愿意唱这首歌的最后一个"好"字。

林良英喜盈盈的脸沉了下来。他开导小女儿说:"妈妈给你做好吃的菜,给你缝好看的裙子,是吗?"

巧稚点了点头。

林良英接着问:"丽咪,你说妈妈好不好?"

巧稚抿着嘴,一句话也不说。

林良英又说:"妈妈疼你,丽咪你说,'妈妈好'。"

巧稚的头摇得像拨浪鼓。

爸爸不解。

巧稚脱口而出:"妈妈不好,她不喜欢我!"说着,趁林良英不备,夺过纸飞机,跑到庭院玩去了。

林良英愣了很久。

正在卧室里的何晋心里更难受。刚才父女俩的一番对话,她听得清清楚楚。

虽然巧稚心中的天平大大偏向了爸爸这边,林良英却并未因此而高兴。他思索了一阵……又过了几天,他把庭院里的小女儿叫上楼。

爸爸搂着巧稚问:"纸飞机好玩儿吗?"

"好玩儿!爸爸真好!"

"爸爸好，妈妈也好。"林良英又一次开导小女儿，"丽咪，你责怪妈妈就不对了。将来长大了，你会明白，世界上最好的人就是妈妈……"

巧稚睁大眼睛听着，似懂非懂。

林良英带着巧稚来到卧室，见何晋正一针一针地织着给巧稚的毛衣。林良英拿毛衣在巧稚身上比了比："真合身！冬天就要到了，你妈妈为你赶织这件衣服，熬了好几个夜晚了。"

"妈妈！"巧稚甜甜地叫了一声。

何晋的脸上露出了宽慰的笑容。

从这以后，何晋把全部的母爱都倾注到了小女儿身上。也许，她是想以此来补偿刚生下巧稚时没有给予的那份母爱吧！

秋风乍起，何晋患了一场恶病。哥哥振明、大姐款稚连同体弱的父亲都围着病床团团转。巧稚常常端着一只小凳子坐在妈妈床前，给妈妈端茶送药。有时何晋睁眼见不到她，便唤她，要她坐在跟前；见到小女儿，何晋的心情就好多了。

家里的营养品都用来给何晋补身体，可她总要从碗里匀出一半给巧稚吃。两个荷包蛋，她要小女儿吃一个；一碗热牛奶，她要小女儿喝半碗。

数月之后，何晋的病情恶化。林良英像几年前那样到处给妻子寻医问药，然而收效甚微。所有的医生都断言：她的生命之烛很快就要熄灭。

寒冬，一个海风呼啸的夜晚，何晋的额头上沁出一颗颗汗珠。她连气都喘不过来，就像墙角那摇晃不定的灯光，随时都可能被寒风吹灭。

一家人默默注视着昏迷中的何晋。忽然，她睁开疲惫的双眼，闪亮的目光落在林良英的脸上，翕动着没有血色的嘴唇："我先走了，这个家的担子全由你担了。"

林良英泣不成声，向妻子不住地点头。

她又转向儿子振明："你都长大成人了，要帮你爸爸扶持这个家。"

振明强忍内心的悲痛，轻声地问："妈，有什么话您尽管说，有什么事您吩咐吧，儿子一定照办！"

何晋急促地喘着气，模糊的目光一直停留在巧稚的身上。临走前，最使她牵肠挂肚的就是面前年幼的小女儿，撇下她，这孤苦伶仃的孩子该怎么办呢？

她伸出手，颤巍巍地拉着小女儿的手，抚着她细嫩的手背说："妈就惦记着巧稚，她还小，哥哥姐姐们要爱她、护她……"停顿了一会儿，她又吃力地说："要让她……上学……家里再苦，也要……培养她……成人……"

振明懂得母亲的心思，贴近她的耳边说："妈妈，我记住您的话了，一定照顾好小丽咪，您放心吧！"

弥留之际，何晋喃喃地说："巧稚……妈妈对不起你……"

在一家人的悲痛之中，何晋与世长辞。巧稚扑在妈妈身上又喊又叫："妈妈！好妈妈！您怎么不说话呀……"

何晋得的是妇科疾病，当她告别人间时完全不曾预料到，她的小女儿巧稚将来会与这类疾病毕生抗争，成为全国赫赫有名的妇产科专家。

鼓浪屿

　　林振明在母亲弥留之际应允的事情，他都照办了。见爸爸年老体衰，他中途辍学，与别人合办汽水厂挣钱，还悉心照料幼小的妹妹。巧稚5岁那年，他送巧稚上了幼儿园；8岁那年，他又带巧稚去蒙学堂（即小学校）报名。巧稚每天上学是他送，放学是他接。雨天，他就撑着伞，背起妹妹，踩着泥地，深一脚浅一脚地走在上学的路上。

　　巧稚犹如阳光雨露下的小树，在鼓浪屿这块沃土上生长。在学校里，她是个好学的学生，活泼又可爱，老师同学都喜欢她。当她有了许多小伙伴后，就再也不用哥哥来接送了。放学路上，巧稚和同学们蹦蹦跳跳，高兴时放声歌唱；见到路边美丽的小花小草，巧稚就蹲下看了又看；经过海边，巧稚就俯身拾起洁白的贝壳、光滑的卵石。她的书包总是鼓鼓囊囊的，里面珍藏着她喜爱的东西。

　　这天，巧稚放学回到家里，把书包里的宝贝倒在石桌上，自己玩了起来。正玩得起劲，爸爸向她走来，手里拿着一本精致的画册："丽咪，喜欢吗？"

　　巧稚抬头一看，哇，好大的一本"洋书"，封面是一幅五彩缤纷的画：积木似的洋楼前，高鼻子蓝眼睛的外国男孩坐在青青的草地上……

"爸爸，给我看看。"巧稚高兴得很，指着书里的画问这问那，"爸爸，你到过几个国家？"

"只到过新加坡，那是一个很美丽的岛国。"

"新加坡很远吗？"

"要坐好几天的船。不过，新加坡离我们不算太远，世界上还有许多国家，在很远很远的大洋彼岸……"

这一问一答把巧稚带向了一个神奇的世界。她心里充满无限的憧憬，甚至产生一种奇特的想法：将来我要比爸爸走得更远，到许许多多的国家去。

巧稚喜欢这本新奇的画册，常常独自翻看，因为她脚下的鼓浪屿就颇有些西洋风情。自从鸦片战争以后，厦门成为5个通商口岸之一。鼓浪屿港仔后海滨的深水处，停泊着各国的军舰、商船；岛上建起一座座形状各异的洋楼，设有专用的球场、舞厅、教堂、墓地……

一个星期日，林良英摇醒了巧稚："丽咪，快起来。今天天气真好，我带你上日光岩，到海边玩个痛快！"巧稚被爸爸的情绪所感染，高兴地答应了。

这次小小的旅行，给巧稚留下了终生难忘的印象。

站在日光岩顶，厦门岛和鼓浪屿的全景都呈现在眼前，滚滚的鹭江水奔腾翻涌，直流向大海。林良英说："海峡的那一头是祖国的宝岛台湾。200多年前，民族英雄郑成功在这里训练水兵，挥师出征。日光岩处处留下了英雄的足迹：那用坚硬的花岗岩砌成的石拱，是当年御敌的寨门；绵延起伏的城墙，是练兵用的操练台；山脚下有一口溢满清水的古井，是郑成功水师取水时凿的。"

从日光岩下来，林良英带巧稚来到海边。大海的中央矗立着一个叫印斗屿的小岛。

林良英给巧稚讲了一个美丽的传说：

当年，郑成功招集战船，会合各路兵马，在海边誓师出征。老百姓爱戴郑成功，不舍他离去。郑成功合掌向民众道谢，高声道："吾师此去收复失地，郑某永远与厦门父老同在！"说着把手中的大印朝大海一掷，海中央立即升起一个小岛，模样像个官印，就取名"印斗屿"。接着，郑成功命令士兵摇动旌旗，吹响军号，然后下令把烧饭用的锅鼎倒覆，以表破釜沉舟、一往无前的决心。说来也奇，那倒覆的锅鼎变成了一座小山，人们便为它取名"覆鼎山"。

巧稚听得入了迷。

这天晚上,巧稚睡不着觉,脑海里老是浮现出一位身披铠甲、威风凛凛的民族英雄——郑成功!她不知疲倦地缠着爸爸再给她讲郑成功的故事。

林良英打心眼儿里感到高兴。他带巧稚出去游玩，目的是想让她知道一点儿中国的历史，在她幼小的心灵里播下热爱祖国的火种。他的目的达到了。

林良英告诉巧稚："救国救民，人人有责。咱们每个中国人都要争气，国强民富，就没有人敢欺负咱们了！"

这些话，当时的巧稚并不能全部领会，但也能悟出几分。英雄事迹的熏陶，使她逐渐在心中树立起人生的目标：长大后要成为有用的人，于国有利，于民有益。

立志学医

辛亥革命的浪潮席卷神州大地，很快传到了鼓浪屿。林良英兴奋地说："世道变了，中国有希望了！"哥哥林振明和岛上的许多青年男子都剪去了盘在头上的辫子。巧稚也不落后，咔嚓一声把长辫子一剪，留下齐耳短发，潇洒又利落。

令巧稚兴奋不已的是，小岛上办起了"高等女学"。其实，这是一所从小学到高中的女子中等学校，这里科目新、师资好，理科老师多是从国外留学回来的，还有一些外籍老师。

1914年，13岁的巧稚高高兴兴地进入"高等女学"，成了这所学校的初中生。由于父亲的培养，巧稚的英语说得十分流利，其他功课也很好，很快就得到了老师们的喜爱，巧稚对老师们也很尊敬。不过，巧稚也有非常害怕的老师，她就是教务长、外籍老师嘉林。

嘉林老师身材修长，脚穿高跟鞋，就像一根电线杆，巧稚需要仰着脸才能和她说话。她那白皙的长脸上架着一副金丝眼镜，镜片下射出严厉又深沉的目光。巧稚和同学们每次见到她那刻板的面孔，都远远地低下头，悄悄从她身边走过。

然而，嘉林老师并不讨厌巧稚，似乎对她很有好感。要不然，为什么她与巧稚相遇时，那如冬天般严峻的脸上会绽放出不曾有过的笑容呢？

一天清晨，巧稚背着书包来到学校，在教室的走廊上被一个穿着丝绸裙子的女人拦住了。巧稚左躲右闪，那裙子随着她摆动，屏风般地挡在她面前。巧稚仰面一看，不禁吓了一跳，是嘉林老师！虽然嘉林老师脸上挂着微笑，巧稚依然惊慌地逃走了。

后来，这样的事又发生了几次。慢慢地，巧稚发现，那张脸上的微笑并不可怕，而是带着几分真诚与慈爱。

升上高中一年级，任课老师全换了。上第一堂英语课时，站在讲台上的竟然是嘉林老师。全班同学都挺直腰板，端正地坐着，一点儿也不敢懈怠。在这位严厉的教务长面前，女孩们表现得既乖巧又有些害怕。

嘉林老师显得十分轻松，她用温和的目光打量着全班同学，最后看着巧稚，轻声地说："林巧稚！"还示意巧稚站起来。

巧稚木呆呆地站着，等待嘉林老师的发问。

"多大年纪？"

"17。"

"什么时候学的英语？"

"当我牙牙学语时,我就开始学英文字母了……那都是爸爸教的,他去过外国,小时候就教我英语。"

"很好!令尊是一位很好的英语启蒙老师。"

师生之间用英语对话,一问一答,流畅自如。嘉林老师的脸上像盛开了一朵红艳艳的花,这是学生们从未见过的。

嘉林老师兴致很高,她从表扬巧稚英语说得好谈起,向同学们强调学习英语的重要性。她说:"贵国锐意革新,力求强国富民,再也不能闭关锁国,要鼓励更多的有志青年出国学科学,而学好英语是跨出国门的第一步……"

一番话说得巧稚和同学们心头一热,这是一堂让她们深受启发的英语课。

课后,巧稚心想:"嘉林老师为什么知道我的名字?她是什么时候认识我的?"这些百思不解的问题最后还是由嘉林老师做了解答。

一天放学,巧稚从教室出来,在操场上遇到嘉林老师,这回她不再逃避,而是礼貌地和嘉林老师打了招呼。嘉林老师拍了拍她的肩膀,邀请她坐在榕树下的石凳上交谈。当巧稚问起嘉林老师为什么能在课堂上认出自己时,嘉林老师得意地说:"我早就认识你了。"

巧稚疑惑不解。

"还记得四条腿、两条腿、三条腿的动物吗？"嘉林老师问。

这一提醒，巧稚恍然大悟。哎呀，原来嘉林老师4年前就认识我了，难怪她老是望着我笑呢。

那是在初一年级的一堂常识课上，任课老师为了考考学生们，提出了一个奇怪的问题："世界上有一种动物早晨用四条腿走路，中午用两条腿走路，晚上用三条腿走路。请回答，这是什么动物呢？"

全班同学面面相觑，4位同学先后被老师提问，都被难倒了。

"老师，我来回答！"一个勇敢的声音打破了教室里沉闷的空气。

是巧稚！

巧稚忽闪着两只明亮的大眼睛，不慌不忙地说："老师问的动物不是别的，是人类！人在幼儿时用四肢爬行，成年时用两条腿走路，老年时拄着拐杖就成了三条腿了！"

回答正确！全班哗然，敬佩的目光都集中在巧稚身上。讲台上的老师捻了捻短胡须，给巧稚打了满分。

第一章 志向

坐在教室后面听课的教务长嘉林老师被这位聪慧过人的女孩吸引住了。一下课，她就向任课老师问了这个女孩的名字，还从窗口久久地望着教室里的巧稚。4年过去了，嘉林老师成了巧稚的英语课老师，她决定要精心培养这棵"小树"，让她沐浴更充足的阳光，汲取更丰富的营养。

一天，巧稚在发下来的英语作业本里发现了嘉林老师留下的字条："放学后到宿舍找我。"嘉林老师最初给人的印象是既冷峻又刻板，女孩们谁也不敢接近她，当然，她也从不邀请别人到她的宿舍做客。巧稚接到了她的邀请，心里又惊又喜。

放学后，巧稚来到教师宿舍楼，叩响了嘉林老师的房门，屋里传来招呼声："请进。"巧稚走进屋里，发现嘉林老师的房间十分简陋：一张单人床，一张办公桌，一个书橱，此外再也没有什么家当了。唯一能点缀这朴素房间的是床头摆放的相框，里面是一个外国青年的照片。巧稚思忖道："他是谁呢？嘉林老师的未婚夫、丈夫或是兄弟？"

嘉林老师热情地招呼巧稚说："请坐。"

巧稚坐在床沿，目光仍停留在照片上。

嘉林老师说："我这房间里最吸引你的就是这张照片吧。你也许想问，他是什么人呢？"

巧稚直言不讳地说："是的，我想知道，如果老师愿意告诉我的话。"

"他是我的未婚夫。"

"在国外吗？"

"不，他已经不在这个世界上了。"嘉林老师的声音低沉了。

"病故？车祸？"巧稚问。

嘉林老师悲伤地说："他在战争中阵亡了。"

巧稚的眼睛湿润了，她为嘉林老师失去未婚夫而感到难过。

"战争太残酷了！"嘉林老师站起身，激动地说，"人类不应该互相残杀，世界应该成为一个和睦友爱的大家庭。我到中国来，就是想为此而努力。青年人要爱国，但不能使用暴力。青年人要认真读书，做学问，将来为国家、为人民多做事，这就是救国。巧稚，你懂吗？"

巧稚不住地点头。

巧稚明白了，面前的嘉林老师是一个高尚的外国人，令人敬仰。她接受了嘉林老师的教诲，立志走读书救国之路，这种思想一直影响着她的前半生。

嘉林老师还借给巧稚许多英文小说，其中有《简·爱》《呼啸山庄》《苔丝》等。

第一章 志向

一天，巧稚和嘉林老师讨论起《简·爱》的主人公。

巧稚说："简·爱是一个家庭教师，她并不看重主人罗切斯特的万贯家财与显赫的门第，而是重视对方给予她的尊重。"

嘉林老师引导她说:"女人应该像简·爱那样,敢于争取自由和平等的地位。女人和男人是平等的,女人不能依附于男人,事事听命于男人,要自尊、自爱、自强。"

自尊、自爱、自强,这6个闪光的字深深地刻在了巧稚的脑海里,并作为她一生的座右铭指引着她的生命航船驶向光辉的彼岸。

嘉林老师从巧稚送还的图书里发现了一张用细线织成的书签,书签做得非常精细。

"这是你织的?"

巧稚点了点头。

"过来。"嘉林老师牵住了巧稚的手,10个手指一个也不放过。她仔细端详,兴奋地说:"你的手真巧,脑子也灵活,将来到高等院校学医,你会成为第一流的外科医生!"

嘉林老师对林巧稚未来的设想正符合她本人的心愿。母亲死于妇科疾病,中国的现代医学很不发达……这些令人心酸的事实一直震撼着她的心灵。还在读小学时,她就在心里埋下了学医的种子。如今,这颗种子经过嘉林老师的培育,很快就长出了新芽。

第二章 | 目标：协和医科大学
编织理想的花环

"高等女学"的背后，矗立着岛上的另一座高峰——升旗山。

那山坡真美，有郁郁葱葱的树木、如蝴蝶纷飞的三角梅、鲜艳夺目的一品红……最引人注目的还是山顶上竖立的伞形旗杆上那哗啦啦飘扬的五彩缤纷的船旗。

升旗山上的旗帜是夜空中亮晶晶的星星，它给人希望，给人欢乐。守在山上的海关人员用高倍望远镜注视着茫茫的大海。当海天相接的地方出现远航轮船的桅杆时，升旗山上便升起和桅杆上一样的船旗，厦门港随之沸腾。商人们忙着到码头上卸货物，居民们蜂拥到码头上迎接海外归来的亲人。

巧稚来到山顶上，时而望着飘扬在旗杆上的船旗，时而望着海面上如梭穿行的海轮。她坐在一块石头上，双手托腮，轻声吟唱着小时候爸爸教的一支歌：

> 要想到厦门，
> 或者去远方，
> 不能不去搭小船。

> 划小船，划小船，
> 一起来划这条金小船，
> 咱们要去远航。
>
> 大家一起划吧，
> 金小船会破浪前行。
> 用力击水，用力击水，
> 把水击得很高很高，
> 让天上的飞鸟，
> 身上的羽毛全湿了！

  羽翼渐丰的鸟儿要离开温暖的窝，满载的海轮要起锚去远航。19岁的巧稚憧憬着这么一天：她划起"金小船"，告别尊敬的老师和亲爱的家人，离开风光绮丽的家乡——鼓浪屿，踏上人生的旅程。

  这是1920年夏天。巧稚开始考虑今后的出路。最好是出国留学,这是她梦寐以求的,然而经济条件不允许。唯一的出路就是在国内深造:学医,当个医学专家……

她编织着自己理想的花环。

暑假的一天,家里来了客人,是哥哥林振明的中学同学,留美博士,叫谢和平。谢和平见林家小女儿长高了,人也很秀气,听说还学过英语,便用英语和她对话。没想到巧稚对答如流,一口流利的英语令他惊讶:哎呀,小岛上竟有这么出类拔萃的人才!

谢和平指点说:"巧稚姑娘,你应当出国留学!"

巧稚面有难色。

谢和平知道林家供不起她留学的费用,为了不伤姑娘的自尊心,便话锋一转:"你的志向是什么?"

"学医。"

"你应该去考协和医科大学。"谢和平建议道。接着他向巧稚介绍起这所名牌大学:师资力量雄厚,教学设备先进,培养出来的学生也是第一流的。

谢和平鼓励她:"巧稚姑娘,你不必为出不了国而难过,只要考进协和医科大学,毕业后的前途也是非常光明的!"

巧稚心头一热,高兴地说:"太好了,我的目标就是协和

医科大学！"

谢和平告诉她，要想考上并非易事，协和医科大学在全国仅招生30人左右，应考者众多，可以说是百里挑一。

巧稚并没有被吓倒，既然认定了目标，就要努力前行。再难的高峰也要去攀登，决不后退一步。

目标：协和医科大学！在此后的一年里，巧稚抓紧分分秒秒，在完成高中的所有课程之后，还学习了课程以外的知识。

转眼到了1921年盛夏，巧稚开始焦急地等待协和医科大学招生的消息。

一天，巧稚在海边散步，有人频频向她招手，噢，是嘉林老师。她急急地跑过去，热情地与嘉林老师握手。

嘉林老师面带笑容地说："巧稚，几天来我一直替你打听高校招生的消息。"

"有消息吗？"巧稚关切地问。

"有，北京有一所医科大学向全国招生。"

"是不是协和医科大学？"巧稚焦急地问。

"对呀。"

巧稚心里非常高兴。

嘉林老师介绍协和医科大学时，巧稚笑眯眯地听着，这些话她一年前就听谢和平说过。

嘉林老师惊奇地问："你早就知道协和医科大学了？"

巧稚这才说出去年谢和平与她谈话的事。嘉林老师欣慰地说："你这孩子，都不告诉我一声，还好，咱俩都想到一块儿了。"师生俩的笑声回荡在海边的树林里。

划着"金小船"

告别嘉林老师,巧稚疾步回家,她急于把这个好消息告诉家人,并取得他们的支持。可是当她走进家门时,脚步不由得放慢了,她在思考这一年来埋藏在心底的难题:要是去上大学,家里一年得支付 500 银元的学费,协和医科大学学制 8 年,就得支付 4000 银元,当时只有富裕家庭才能负担得起。自己家只是一般家庭,况且近几年家境每况愈下。妈妈病逝后,爸爸又续了弦,继母连生了 5 个孩子,嫂子也生了几个侄儿,一家十几口人,花销很大。爸爸衰老得快,已经满头白发,又有高血压,家庭的重担几乎都压在哥哥身上。为了生计,哥哥东奔西走,经营小本生意,可是都没有什么起色。

爸爸常念叨:"咱们林家女儿念书的,丽咪是第一个。要念,就要念好,将来上大学!"唉,爸爸虽然满心希望自己能去上大学,可是真的要付银元供自己读书,他拿得出来吗?无论如何,考协和医科大学的事应当与家里人先商议商议,只有定下来了,自己才可以全力以赴地准备考试。

巧稚上了楼,发现一家人聚在大厅里正在谈论她升学的事。她驻足聆听起来——

爸爸："丽咪高中毕业了，是让她继续深造，还是帮她找份工作呢？这问题老搁在我心里，很难拿定主意。"

哥哥："爸爸和我只读到高中，全因家境不佳而辍学。林家应该出个大学生，应该供丽咪升学。"

爸爸："我又何尝不想！可上大学要付出一大笔费用，这个家供得起吗？"

继母："也是。供一家十几口人吃饭穿衣就很不容易了，还能节余几个钱？再说，女孩子书读得再多嘛……"

嫂子："妈，这话你不要当丽咪的面说，她最痛恨轻视妇女的言行，最厌恶把女孩早早嫁人，绑在男人身上。"

哥哥："这件事我和爸爸再商量一下，也不宜耽搁太久。丽咪虽然不开口，却眼睁睁地盼着我们呢。再说，要升学就得抓紧准备考试。"

一家人的话全让巧稚听得清清楚楚。多好的家人呀，如此为自己着想，自己还用开口吗？巧稚不忍心去催促父兄，还是让他们好好考虑吧。

可过了3天，巧稚心里又着急起来。计算一下日子，离考试日期仅有一个月了。当然，她可以悄悄地准备功课，可家里没有明确表态，她捧着书本也不能安心学习。

这天晚上，林良英招呼巧稚到书房去，在场的还有哥哥林振明。林良英开门见山地说："丽咪，你抓紧用功，准备考协和医科大学吧。"

巧稚好不惊奇！

林良英和盘托出："嘉林老师昨天到咱们家来了。她说你是个人才，埋没了十分可惜，希望全家人支持你上学。"

巧稚心里久久不能平静。为了帮助自己实现目标，嘉林老师可谓竭尽全力，这份师恩她永远铭记在心。

林良英说："嘉林老师不远万里来到岛上，为咱们培养人才，她的精神真让人感动！丽咪，你要立志读好书，爸爸我也要为中国人争口气，省吃俭用把你培养成才。"

巧稚噙着泪说："爸爸，谢谢您！"

爸爸望了望身边的林振明："你应该感谢你哥哥，家里的担子主要都是他挑着呀。"

林振明动情地说："丽咪，你5岁那年，妈妈临终时要我好好照顾你，培养你成才，我从没忘记过。家里就是砸锅卖铁，也要让你读完大学，让我的小妹妹有一个美好的前程。"

晶莹的泪珠顺着巧稚的两颊滚了下来。泪是温热的，心是滚烫的。巧稚哽咽着，什么话也说不出，一转身回到自己的房间，把头埋在枕头上哭了一阵。她在心里发誓道："爸爸、哥哥、嫂嫂，还有去世的妈妈，我决不辜负你们的期望！你们的丽咪一定会扬起理想的风帆，划着'金小船'，驶向光明的前方。"

考场上

汽笛长鸣,客轮徐徐离开厦门的太古码头。

站在船舷的林巧稚,泪盈盈地望着渐渐远去的码头。在码头上,年迈的父亲用手帕不住地拭泪,哥哥和嫂嫂各一只手抱着侄儿侄女,另一只手挥着向她道别。

客轮渐渐远离了陆地,林巧稚还站在甲板上,望着越来越模糊的鼓浪屿。整整20个年头,她生在这里,长在这里,熟悉岛上的一山一水、一草一木。日光岩脚下的"小八卦楼"是她的家,海边的绿树下长眠着早逝的母亲。在温习功课的日子里,她常常捧着书本,在海边的林荫道上边走边读,有好几次竟不由自主地来到母亲的坟前,一股思念之情油然而生。

林巧稚幼年就失去了母亲,虽然父亲、兄嫂给予了她莫大的温暖,但母爱却是谁也代替不了的。她憎恨夺去母亲生命的病魔,学医的志向更加坚定:一定要考上协和医科大学,将来当一名好医生,让更多的孩子得到母亲的爱抚,让更多的家庭充满幸福、快乐。

为了实现这一理想,鼓浪屿的女儿远航去了。再见,故乡!再见,养我、爱我的亲人们!

两天后，林巧稚登上了上海码头。她没有在洋楼林立的外滩多停留一步，也无暇光顾那五光十色的十里洋场，而是匆忙赶到了上海青年会会场——协和医科大学南方地区考场就设在这里。

林巧稚被安排住进一间窄小的宿舍，里面还住着另一位考生小余。离考试只有两天了，一种紧张感压迫着林巧稚，但她很快就稳定了自己的情绪。她对自己说：既然在暑假已经做了充分的准备，现在就必须镇定自若地走向考场。

七月盛夏，上海出奇地热。人闷在屋子里就像被放在蒸笼里一样，气都喘不过来。小余唉声叹气，坐也不是，站也不是，总觉得没有把握。

沐浴着鼓浪屿的海风长大的林巧稚对上海的炎热也不习惯。但由于心态好，她很快就能静下心来温习功课。小余说："你这么耐热，不怕被烤成熟地瓜吗？"林巧稚好意地劝她："必须心平气和，天气热，心里又焦急，怎么能参加考试？"

开考的第一天，考卷刚发下来时，林巧稚心里不免有些紧张。她粗略地把试题看了一遍。行，都答得出，她的心情很快就平静了下来。她在考卷上唰唰地写，答完了，又认真检查了两遍，觉得还满意，便把卷子交了上去。回头看了看考场，还有一半人在埋头答题呢。

接连考了几科，林巧稚都感觉考得不错。

最后一科考英语，最难。考生们都说这是过"鬼门关"。协和医科大学对英语水平的要求很高，当然要在这门课的考题上让考生们见个高低。

考试的前一天晚上，小余急得像热锅上的蚂蚁，书读不了，觉又睡不着。林巧稚提醒她："小余，别把身体搞垮了！"小余哭丧着脸说："这几天我都没有考好，明天这'鬼门关'怎么可能闯得过去？"

对于考好最后一科，林巧稚倒有几分把握。她从小就学英语，后来又经过嘉林老师多年的指导，英语功底比较深厚。当然，自己是不是一块真金，还要在检验过后才知道。

考试这天，很多人在座位上如坐针毡，很不自在，脸上都露出了不安的神情。林巧稚比较镇定，盼着卷子早点儿发下来。

监考老师依次发着两大张考卷，先拿到卷子的考生们不约而同地哇了一声。原来，考题大大超出了考生们预测的范围，有造句、填空、改错、语法、问答、翻译等十几个项目，令不少考生心里暗暗叫苦。林巧稚拿到考卷，看完题目，反而更有信心了。

　　林巧稚依次答卷,很快就答完了第一张。第二张卷子更难,一个陌生的单词像一只拦路虎横在她的眼前。她绞尽脑汁,寻找答案。哎呀,想出来了。她正要答题时,忽然身后砰的一声,一位考生中暑倒在了地上。考生们匆匆瞥了一眼,便又埋头答卷。在这紧要关头,谁还顾得上他人呢?

　　林巧稚却站了起来,回头一看,正是同宿舍的小余,她不禁失声叫了起来:"小余!小余!"

　　监考老师问林巧稚:"你跟她很熟吗?"

　　"以前不认识,到这里才结识的。"

监考老师面露难色。他一个人负责监考,不能擅自离开考场,怎么办呢?

"先生,我送她到医务室去吧。"林巧稚自告奋勇。

监考老师连连点头:"好!好!"

林巧稚俯下身托起小余的脖颈,用力抱了起来,把她背在背上,然后快步走出教室。监考老师显然被她的行为感动了,他走到林巧稚的座位旁,拿起考卷看了看,并记下了当时的时间。

林巧稚背着小余吃力地走完了教室外面的走廊,还得经过一个小操场才能到达医务室。阳光火辣辣的,林巧稚在一棵大树下停住,一边喘着气,一边将小余放在阴凉处,解开她的领扣,擦了擦她额上的汗珠,然后又艰难地背着她往医务室走去。

林巧稚把小余交给医务人员后才放心地返回教室。这一去一回,耽误了很长的时间。

铃声响起,考试结束了。林巧稚看了看几道还来不及作答的考题,惋惜得很,无可奈何地交了卷。

金榜题名

两天后，林巧稚冒着霏霏细雨回到故乡鼓浪屿。此刻，她的心情同天气一样，是阴沉沉的。这次赶考，她满怀信心而去，却失望而归。英语考试至关重要，她本可以在这门功课上比其他考生胜出一筹，多得一点儿分数，想不到一个意外竟让自己丧失了优势。她感到考取的希望十分渺茫，很可能名落孙山，这对自己将是多大的打击啊！

走进家门，嫂子报喜似的喊道："丽咪回来啦！"随后，哥哥林振明从里屋出来，接过林巧稚手里的行李说："丽咪，一路辛苦了！"不一会儿，爸爸林良英也蹒跚地来到她面前，关切地问："丽咪，考试顺利吗？"

面对全家人亲切又关注的目光，林巧稚鼻子一酸。辜负了亲人们的殷切期望，自己还能说什么呢？她毫无表情地摇了摇头，硬把眼泪往肚子里咽，忍着，忍着，转身就往自己的房间跑。关上房门，泪水哗哗地流了下来。

全家人都觉得，林巧稚从上海归来后，突然变了。她成天郁郁寡欢，起早贪黑地帮助嫂子料理家务，原来常常捧在手里的书本也不见了。

一天，林良英恳切地对她说："丽咪，有什么心事就对爸爸说吧。你妈死得早，你是我心爱的小女儿，见不到你原来喜盈盈的笑脸，爸爸难受呀。"

林巧稚感动得热泪盈眶，终于向林良英说出了心中的苦衷。

林良英背着手在屋子里踱来踱去，沉思了好一阵子，说："丽咪，你做得很对！在决定一生命运的重要时刻，你依然毫不犹豫地去抢救小余——一个萍水相逢的人，很不容易呀！可以说，你在人生的考场上得了高分，有了这个分数，无论你将来从事什么职业，都可以做一个高尚的人。就说当医生吧，需要有医德，你会具备的。"林良英十分激动，双手重重地搭在林巧稚的肩膀上，说："丽咪，我的好女儿！"

林巧稚很感动。林良英对她行为的肯定和鼓励熨平了她原本皱巴巴的心。

"没有答完考卷，总分可能达不到录取线。"林巧稚遗憾地说。

林良英开导她说："事情已经发生了，你发愁也没用。你为了他人而耽误了自己，但这没什么好后悔的。再说，你英语答了大部分的题，其他科目考得也不差，怎么能说没有考上的希望呢？丽咪，不能妄自菲薄，做人要有自信。"

林巧稚仔细地听着，悟出了爸爸话中的道理，心结解开了。像枯黄了的园地里又长出了青草，她的心里也萌生出了希望的新芽。

这天，林巧稚听见楼下大门吱呀一声开了，一个很熟悉的身影走进庭院，定睛一看，是嘉林老师。从上海回来后，林巧稚情绪波动很大，总觉得自己没有考好，对不起母校的精心培养，也就无颜去见敬爱的老师。

现在，嘉林老师竟找上门来了！问起应考一事，自己该如何向她交代？林巧稚走到楼梯口，紧张地将嘉林老师迎进客厅里。嘉林老师并没有发觉林巧稚异样的神态。她满面春风，迫不及待地从手提包里拿出一个大信封，得意地扬了扬说："巧稚，从北京寄来的通知书到学校了，你被协和医科大学录取了！用你们中国人的古话说，叫作'金榜题名'，高中了！"

"真的？"林巧稚不敢相信自己的耳朵。

嘉林老师从信封里抽出一张录取通知书，林巧稚赶忙接过，一看，高兴地喊道："我考上了！我考上了！"

全家人从各自的房间里涌了出来，客厅成了欢乐的海洋。林良英用颤巍巍的手接过通知书说："咱家有了第一个大学生！女孩子上大学，这是林家的福分！"

林振明也高兴地说:"丽咪,看你成天愁眉苦脸的,还以为你考得不好,真替你担心呀!"

"这是怎么回事?"嘉林老师问。当她弄清事情的原委后,脸上露出了从未有过的光彩:"巧稚,你真了不起!我为你庆贺,为林家庆贺,也为自己庆贺,因为我有你这么出众的学生!"

林巧稚沉浸在喜悦之中……

第三章 ｜ 学海竞舟
不言败

　　1921年初秋，林巧稚风尘仆仆地来到了北京。她把北京和家乡鼓浪屿做了比较：一个是大城，一个是小岛；一个是雄伟的古都，一个是洋气的海港……反差何等强烈！这里没有鼓浪屿那样充足的阳光，听不到醉人的涛声，看不见四季常青的林木……

　　林巧稚走进协和医科大学，一种庄严感油然而生。你瞧，建筑群气派非凡，屋顶全是暗绿色的琉璃瓦，飞檐高耸，上面对称排列着奇形怪状的脊兽。校门口是一对龇牙咧嘴的石狮子，令人望而生畏。

　　协和医科大学经过了一番改造，已经有了电灯、电话、自来水、煤气等现代化设施及先进的医疗设施、教学设备。

　　入学后几天，林巧稚就感受到了压力——激烈的竞争和无情的淘汰。协和医科大学预科3年，本科5年，本科最后一年是驻院实习。协和医科大学的考试制度十分严格，考卷的成绩就是最终成绩，75分才算及格，且不能补考。一门主课不及格就留级，两门主课不及格就除名。林巧稚这一届共25人入学，其中女学生有3人。未来的8年间，谁将被无情地撵出这座医学殿堂？

林巧稚绝不言败,她暗暗下了决心:"我不能被淘汰!"

她分析起自己的长处和短处:在家乡读中学时,物理课、化学课没有开全,基础差,这两个障碍需要她去跨越;幸运的是,她的英语底子好,协和医科大学各科都用英语上课,她听得懂、记得住,轻松自如。她决定来个扬长避短:把别人学外语的时间用来查缺补漏,集中精力攻克物理、化学两座堡垒。

方针已定,就看行动。在中学时,林巧稚喜欢打篮球、唱歌;现在,篮球场上看不到她的身影,校园里也听不见她黄莺般的歌声了。

拼吧,拼着命也要留下来!

和男同学比高低

北京之秋，金风送爽。10月下旬，学校组织学生郊游3天。林巧稚终于能喘口气了，她兴致勃勃地游览了卧佛寺，欣赏了香山红叶，好不高兴。

歇息时，她却看见一名男同学掏出书本在用功学习。林巧稚问："学校不是规定郊游不能带课本的吗？"

"说归说，谁不带书？"男同学不以为意。

林巧稚说："我就不带。"

"你可以不带，我就不行。"

"为什么？"

男同学回答说："还是面对现实吧，你去翻翻毕业手册，得到毕业证书的女学生有几个？优秀学生当中有女同学吗？"

林巧稚一针见血地说："你的意思是，女同学读书不行，男同学才行？"

"正是。"

林巧稚向他发出了挑战："那好，我就和你比，怎么样？"

"你？"男同学觉得有点儿好笑。面前这位弱女子，开学后不久的一次化学小考得了0分，如今竟还敢说大话！

"敢不敢？"林巧稚步步紧逼。

男同学火冒三丈："不把你比下去，就不是男子汉！"接着问："怎么比？"

林巧稚大声地说："你们男同学得100分，我就得110分！"

以110分比100分，多了不起的挑战呀！顿时掌声四起，原来周围的同学们听到了他们的谈话，大家都拭目以待这场比试的结局。

林巧稚把自己的话视为当众立下的誓言，并以最大的努力去赢得胜利。

转眼到了寒假。入学后的第一个假期，又逢春节，同学们纷纷收拾行装，乘车、船回家过节去了。偌大的校园里剩下的师生寥寥无几，林巧稚这个班仅剩下她一人。她何尝不想家，但为了学业她只好做出牺牲！协和医科大学地处闹市，春节时爆竹声声，林巧稚便躲在校园里最僻静的角落，专心攻读。

事在人为，林巧稚奋起直追，后来居上。开学后，几次考试成绩公布后，同学们都向她投来惊奇、赞叹的目光。

英语成绩她名列前茅，物理成绩她进步明显，化学成绩再也不是0分了……

林巧稚已经站在高处，一些男同学还站在"山脚"，只能

科学巨人 | 林巧稚
中国科学家的榜样故事

仰视着她。

但林巧稚不骄不躁,继续在学习的道路上前行。在对自己的水平做了重新评估之后,她对生活日程也做了调整:学习之余,她时常登山、长跑、游泳、打篮球,还参加墙报的编辑工作,担任学生会会计……课外生活越来越丰富多彩,身心也越来越健康,这又给林巧稚的学习提供了动力,使她有力气去攀登一级又一级台阶。

第一学年考试过后,成绩一科科发了下来,林巧稚都得了高分,令同学们刮目相看。

最后公布成绩的科目是生物。

教生物的是一位外籍老师,他经常在课堂上脱离教材,给学生们出各种各样的难题、怪题。学生们经常被这些题目难倒,虽然有些不服气,却也毫无办法。

这时,他拿着一大沓考卷依次念着分数。刚念完一半,学生们便唉声叹气。这位老师题目出得难,打分又严得出奇,只给了大部分同学刚够及格的 75 分,还有好几位同学不及格。

林巧稚心里憋得慌:同学们的分数都公布了,唯独没有自己的,这是为什么呢?

她举手问:"老师,我的分数呢?"

"你的考卷在这里。"老师从讲义夹里抽出一份考卷,晃了一下,放在讲台上,不慌不忙地说,"等一会儿再讲评你的考卷,别着急。"

怎么能不急!林巧稚早就像热锅上的蚂蚁一样,坐都坐不住了,心里打着鼓,老师在讲什么,她一句也听不进去。

同学们也为她捏一把汗,身旁的两位女同学小声嘀咕:"巧稚凶多吉少,这老师准是想报复她。"

这是怎么回事呢?

原来,在不久前的一堂生物课上,老师在讲完一个章节后发问道:"今天的课都听懂了吗?有疑问可以提出来。"见学生们鸦雀无声,他更来劲了,看了看前排的3位女生说:"女士们,你们想提问吗?"可出乎他的意料,话音刚落,林巧稚就把手举得老高,接着站起来一连提了3个问题。3个问题就像3发重炮,一下子把他"炸蒙"了。

"问题提得很好!待我考证考证,下一堂课解答吧。"

同学们都暗暗叫好,课后他们围住林巧稚高兴地说:"他太瞧不起咱们了,你为大家出了一口气!"

报复?难道就为这件事吗?

好不容易等到老师讲评林巧稚的考卷。只见老师把卷子展开，举到了同学们面前，说："你们看，这张卷子答得最好，远远超过班里的其他同学！"

林巧稚如释重负，紧张的神经一下子松弛了。

讲台上的老师用洪亮的声音说："回答准确无误，她不照抄讲义，还画了图解，这是创新！"

最后，他高声宣布："林巧稚得分98分，全班第一！"

掌声响起，许久才停下来。大家为林巧稚高兴，她为中国学生争了气。这位外籍老师虽然有些傲慢，却也有公正的一面。在林巧稚优异的成绩面前，他放下偏见，给予了充分的肯定。

课后，同学们对林巧稚的赞扬声不绝于耳。一年前在郊游时要与她比高低的那位男同学也对别人说："林巧稚赢过了我们男生，她的才智、学识都很出众，佩服！佩服！"

林巧稚没有自我陶醉，她清醒地认识到，在学习的跑道上最初领先并不难，难的是一路领先，直到终点。这就需要她继续保持一股拼劲。

不违父愿

暑假开始了，同学们纷纷回乡探亲，林巧稚对父亲和兄嫂的思念更加强烈了。家乡鼓浪屿呀，我多想回到你的怀抱，重温童年的梦！然而为了学业，她克制住返乡的欲望，又一次留在了静谧的校园里。

寒暑易节，年复一年，林巧稚一熬就是3年。努力没有白费，她以优异的成绩从预科升入本科，而班上已经有6人被淘汰了，全班25名学生剩下19人。

本科第一年，林巧稚仍然是班上的尖子生，成绩领先。但谁能想到，在第二年秋天，林巧稚的成绩居然唰地滑落了下来，接连几科小考，她的成绩都不佳。同学们惊愕得很，有的男同学在背后嘀咕："女同学要坚持到最后不容易呀，对她们来说，8年太难熬了，时间久了免不了分心。"

同宿舍的沈姐可不信这种流言蜚语！林巧稚的事业心很强，一位立志献身于医学的新女性怎么会抛弃学业呢？那么到底出了什么事？瞧见林巧稚连书本也捧不住，有时还一个人悄悄地落泪。沈姐几次问她，她只是摇了摇头。

这天，英语小考成绩下来，林巧稚又得了低分。接连考试失利让她有点儿发蒙,耳畔似乎响起了警告声:巧稚啊巧稚,你不能自暴自弃!连自己擅长的英语都考砸了,何况其他科目。如此下去,你就前功尽弃了,只会被无情地淘汰。

后来,当沈姐又一次询问她时,林巧稚终于吐露了实情:"家父病重,这对我来说是个多么大的打击呀!"说着,她从抽屉里拿出一封家信。

信是大哥林振明写的。信上说:"一年多来,父亲身体不佳,却支撑着继续教书,为的是想多挣一点儿钱好支付你的学费。一个月前病情加剧,竟卧床不起。父亲最疼爱的就是你,他十分关心你的学业,在病床上千叮咛万嘱咐,要你安心读书,不必千里迢迢地赶回来看他。一定要回家的话,也应该等到学期结束……"

林巧稚悲痛地说:"父亲是我最亲近、最敬爱的人。我5岁丧母,是父亲一手把我抚养大,给予我童年的温暖和欢乐。父亲是我的启蒙老师,他教我英语,教我做人的道理,教给我许许多多书本上得不到的知识。他竭尽全力让我上大学,为了我的前程,倾家荡产他都甘愿……要是父亲有个三长两短,我可怎么办?"

沈姐被林巧稚的真情打动,眼眶都湿润了。过了一会儿,她意识到应该给同伴帮助和鼓励。

"巧稚,你的心情我理解。不过,一个人决不能在悲痛中沉沦,而应该拭去眼泪,奋起努力。令尊那么关心你的学业,如果你在学业上失败了,那怎么对得起他呢?"

林巧稚点了点头:"在熬过一段苦痛之后,我才如梦初醒!沈姐,谢谢你的关照,你放心好了,从明天起我会像往常一样努力学习。"

说到做到。此后,林巧稚以惊人的毅力钻研功课,奋起直追,成绩很快又上去了。这个戏剧性的变化令不知内情的男同学们目瞪口呆。

学期结束,各科考试完毕之后,林巧稚急忙上街买了父亲喜欢的茯苓夹饼,马不停蹄地往家赶。

上了鼓浪屿码头,林巧稚一眼就看到了迎接她的哥哥。

"爸爸怎么样啦?"林巧稚开口就问。

林振明神情沮丧,欲言又止,凝视了林巧稚一会儿,才吐出两个字:"走吧。"

兄妹俩一前一后地走着,不一会儿巧稚就赶到林振明前头,好几次回头催促道:"哥,走快一点儿!"她多想马上见到日夜思念的父亲呀!

林振明没有加快脚步,反而唤住林巧稚,带她拐进一条岔道。任林巧稚怎么盘问,他什么话也不说,只是默默地带她往前走。

这是一段崎岖的小路,路的尽头是遍布着野草的山坡,山坡上是一座座坟墓。

"莫非爸爸已经——"林巧稚真不敢想下去。

林振明在一个新坟前止步了。

林巧稚疾步赶了过去,啊,碑石上分明写着父亲的姓名。她脑中轰地一响,眼前一片昏黑,摇摇晃晃地跪下,手里的茯苓夹饼掉在了地上。

哭声惊醒了树丛中的小鸟,泪水沾湿了一株株野草。

林巧稚的心碎了。她本想回乡服侍病中的父亲,为他端水送药,尽一点儿女儿的孝心;她还想在病榻前聆听父亲的教诲,对他诉说自己的心里话。出乎意料的是,父亲竟如此匆忙地告别人间,离她远去。从北京日夜兼程赶回来却未能见父亲一面,这怎不叫她悲痛欲绝!

林振明陪着林巧稚落泪,过了好一阵才擦干脸上的泪痕,劝林巧稚说:"丽咪,别再哭了。爸爸弥留之际交代过,全家人不要用过多的泪水来祭奠他。他说,活着的人活得更好些,就是对逝者最好的告慰。"他扶起林巧稚走下山坡。

林巧稚忽然站住，回身凝望山坡上父亲的坟。坟边有一棵相思树，孤单而寂寞，在狂风中弯下了腰，树叶纷纷飘落，好不凄凉。林巧稚触景生情，不由得回忆起父亲风风雨雨的一生。为了家，为了子女，特别是为了自己，父亲永远负着重担，太苦了，太累了，最后倒下了。想着父亲的艰难身世，想着父亲的养育之恩，她又一次失声痛哭，泪如雨下。

回家的路上，林振明告诉她，父亲入冬后就与世长辞了，享年62岁。

林巧稚责怪道："哥，你在信里老是说，父亲病情依旧，没有恶化。你不应该哄我骗我，不让我与父亲见最后一面。"

林振明平静地说："父亲病危不让你回家是他本人的意思。他说，决不能让丽咪为我回来。从北京回乡，一来一回既花时间又让她伤心、劳累，会误了她的功课，她的前程更重要啊！"

林振明带林巧稚来到龙头路的一栋小楼房。嫂子正倚在门边，一见林巧稚，就接过她手中的行李，把她迎进屋："丽咪，总算把你盼回来了！"见林巧稚惊奇地望着这陌生的房屋，嫂子便解释道："这就是我们的新家，刚搬来不久。"

"为什么要搬家？"一问，林巧稚心里又是一阵难受。

原来，一年前父亲病重，为了请医生、抓药，给父亲滋补身体，也为继续支付林巧稚的学费，"小八卦楼"就典当给别人了。典当期限已满，林家却还不了钱，只好卖掉房子租房住。

嫂子热情地款待她，嘘寒问暖，空闲时主动和她聊天，还让林巧稚帮她一起做家务。林巧稚明白，嫂子是有意避开父亲病故的话题，试图冲淡她内心的哀伤。

这天，林巧稚拉着嫂子的手问："嫂子，怎么不见你的手镯了？"

"戴那东西碍事，做家务不方便。"嫂子回答道。

细心的林巧稚听出了破绽："戴了20多年的手镯怎么会忽然觉得碍事？嫂子，你不该骗我。"

嫂子舌头打了结，说不出话来。

"手镯卖了？"林巧稚问。

嫂子沉默不语。

林巧稚责怪道："嫂子，手镯是结婚时哥哥赠你的定情信物，你怎么能卖掉呢？"

嫂子说："丽咪，实话告诉你吧，办父亲的丧事把家里的钱全花光了，一时又急着给你汇款。我对你哥说，卖掉手镯吧，手镯卖了将来可以再买，丽咪的学业废了就前功尽弃了。你哥同意我的说法，就把手镯卖了。"

林巧稚热泪盈眶："好嫂子，你和哥哥为我付出太多了，真叫我心里不好受。"

嫂子真诚地说："父亲去世以后，你哥和我就是你最亲近的人了，做兄嫂的帮助小妹是理所当然的。"

"可是，有些事你和哥哥做得太过分了，真叫我——"林巧稚哽咽了，两颗晶莹的泪珠顺着脸颊滚落下来，"为了我，你们竟然让侄儿嘉通辍学就业，这叫我怎么受得了？"

嫂子感到惊奇："这件事你是怎么知道的？"

"现在学校放假，可嘉通整天早出晚归，我都看在眼里，他准是干活儿去了。一打听，果然，嘉通在一家银行当实习生。嫂子你说，嘉通好不容易读到高中毕业，各科成绩优良，为什么不让他深造呢？"

嫂子说："你哥和我何尝不想让嘉通升学，但家境不好，培养一个大学生已经不容易，培养两个更是无能为力。你哥说，就暂时叫嘉通辍学，先保证丽咪念完书。"

林巧稚立起身说："怎么能叫嘉通为我让路？这不行，我找哥哥去！"

她冲进林振明的房间，大声说："我欠家里太多了，是该还债的时候了！我可以找个职业，无论如何要让嘉通上大学！"

"丽咪，你说什么傻话！"林振明瞪大了双眼，"妈妈临终时怎么说的？爸爸临终时怎么说的？他们都嘱咐我培养你，都寄希望你成为一个有学识的人。现在你却要中止学业，半途而废，这样做对得起爸爸妈妈吗？丽咪，父愿不能违，母命不能忘！"

林巧稚被说得低下了头，觉得自己理亏了。20多年来，全家人视她为掌上明珠，爱她、护她、造就她，在学海竞舟中若不能抵达成功的彼岸，她岂不成了违背父母遗愿的不肖女儿，也对不起疼爱她的兄嫂。

坚持到毕业还有好几年，需耗费几千银元。父亲逝世，钱财已空，这一大笔钱怎么支付？当她说出这一疑虑时，林振明从抽屉里拿出一张面值一千银元的股票凭证，说："这是父亲留下的，他嘱咐给你做学费用。当然，这笔钱还是不够用，我和你嫂子会想办法帮助你。"兄嫂的情义令林巧稚激动不已。她还能说什么呢？她只能发愤读书，早日自立，以报答他们。

回北京的前一天，林巧稚又一次来到父亲坟前。她泪水涟涟，依依不舍，向父亲三鞠躬，然后把手中的花朵放在坟前，心里默念："女儿身在北京，心却像这花朵一样陪伴着您。安息吧，亲爱的爸爸！"

夺魁

1929年夏，经过了8年漫长的学习生涯，林巧稚就要达成目标，领到毕业证书了。一分耕耘一分收获，像她这样辛勤的耕耘者，理应有比他人更大的收获。

同学们议论纷纷：

"林巧稚很可能得到'文海奖学金'！"

"全班数她成绩最好，奖学金非她莫属！"

林巧稚何尝不想得到这个人人羡慕的荣誉。谁若能领取"文海奖学金"，那更是"天之骄子"，是众人崇拜的对象。

1929年，协和医科大学改名为协和医学院，"文海奖学金"是协和医学院毕业生的最高荣誉奖。"文海奖学金"每年只颁发一次，奖给成绩最优异的一名毕业生。今年，"文海奖学金"的得主会是谁？是林巧稚吗？师生们都饶有兴趣地谈论着这个话题。

此时，校务委员会正为评定"文海奖学金"的得主展开一场激烈的争论。

教务处曾向校长顾临提议，"文海奖学金"应由林巧稚和另一位男生共得。但顾临认为，按照规定，每届毕业生中只有一人能获奖,决不能破例。成绩以本科5年考试累计分数为准,决不会出现两人得同一分数的情况。他命令复查,结果是林巧稚的分数更高。

校务委员会在讨论时,两派意见针锋相对:

一派说,"文海奖学金"按规定择优而取,分数面前人人平等。林巧稚分数最高,理应获奖。

另一派说,另一位男同学仅与林巧稚相差几分,从今后的机会和前途上看,男同学远远胜过女同学,这个因素不能不考虑,因此他应该与林巧稚共得"文海奖学金"。

互不相让的一番争执过后,支持林巧稚的一派明显占了上风。有人说,林巧稚在紧张的学习之余,参加篮球队、演讲团、歌咏队、话剧社、墙报编委会……她热心社团活动,服务大众的精神可嘉,而热心与服务精神是从医之本,评定"文海奖学金"不能不考虑这一点。还有人说,医生既要有好技术,又要有好品德。林巧稚8年前在考场上舍己救人的举动,在实习阶段对病人体贴入微的照顾,处处可见她的无私奉献精神。这样品学兼优的学生,学院绝对不能因为她是女性就产生偏见,"文海奖学金"只能由她独得,否则是不公平的……

理由充分,令人信服,反对派不再坚持了。顾临校长一锤定音:"文海奖学金"颁发给成绩最优秀的林巧稚。

消息一传开,同学们便奔走相告,向林巧稚道喜的人络绎不绝。林巧稚先是万分欣喜,可当她知道校委会的争论之后,愉快的脸上笼罩了一层阴云,内心无限感慨。在自己拼尽全力拿下的最佳成绩面前,竟然还有人提出异议,而这种事居然发生在协和医学院里。可想而知,在校园之外,鄙视女性的风气只会更甚。她暗暗下了决心,在人生道路上,她要以自己的勤奋和成绩向人们宣告:女性并不比男性差,学业如此,事业也是如此。

1929年6月12日,"文海奖学金"颁奖仪式在协和医学院小礼堂举行。会场布置得庄严隆重,教师代表、学生代表及本届毕业生都坐在台下静候,接着,校长、教务长、各科主任以及贵宾们来到主席台上就坐。

这座小礼堂平时不能随便进入,要上台就更不容易了。一年半前,学院在这里举行过演讲会。演讲者有社会名流、学者、专家及个别优秀学生,林巧稚有幸被列入演讲者的名单里。当她走上讲台时,许多人露出了惊讶的神情:一个普普通通的女学生居然能登上这大雅之堂,她究竟有多高的水平?林巧稚泰然自若,在报出自己演讲的题目后,用流畅的英语深入浅出地发表了独特的见解。人们的神情渐渐发生了变化，一个个向她投去赞赏的目光。如今，林巧稚不负所望，终于得到了协和医学院的最高荣誉，在人们羡慕、赞赏的目光下，她就要上台领奖了。此时此刻，她的内心无比激动。

主席台上，教务长高声宣布："毕业生林巧稚学习成绩优异，获'文海奖学金'，请上台领奖！"

台上台下顿时响起热烈的掌声，乐队演奏起欢快的乐曲。林巧稚头戴方形学士帽，身穿长襟大袖学士服，缓步走上讲台。

顾临校长走上前握住林巧稚的手，笑容可掬地说："林巧稚同学，很高兴能为你颁发'文海奖学金'，祝贺你获得了这份珍贵的荣誉。不要忘记今天，让勤奋永远和你同在。前进不止，是我对你的衷心祝愿！"

林巧稚接过校长授予的证书和奖金，面向台下的老师和同学深深地鞠了一躬。全场又一次响起掌声，台下的几名女生代表手都拍红了，却还在不停地拍。林巧稚感受到了，她是女同学们的骄傲。她站在领奖台上就等于向人们宣布：女人并不笨，可以和男人一样获得成功。为此，她感到从未有过的自豪。

仪式结束后，毕业班的学生们表演了节目：用英语演出多幕戏剧。

科学巨人 | 林巧稚
中国科学家的榜样故事

台下的观众们为剧中的一位演员叫好：

"她的举止、表情都生动准确，把剧中人演得惟妙惟肖！"

"她的口语真棒，就像外国人说英语一样流畅！"

有人问："她是谁？"

"哎呀，你还看不出来，就是刚才上台领奖的林巧稚呀。"

听人这么一说，观众们异口同声地称赞林巧稚多才多艺，谢幕时为她献上了热烈的掌声。

从小礼堂出来，林巧稚趁大家没有留意，悄悄地离开簇拥着她的人群，来到僻静的花园。在掌声和荣誉过后，她想冷静下来，理一理思绪。

大红的证书凝结着自己的心血，也凝结着关心她、帮助她的师长们的心血。

感谢老师们的培育之恩，协和医学院的老师们授予她知识，她不会忘；中学时代嘉林老师指引她走向医学的殿堂，她也不会忘。4年前她回乡时，嘉林老师不巧在外旅游，未能见面，听说她不久以后就要回英国了。林巧稚在心中暗想：嘉林老师，即使您到了天涯海角，巧稚也永远记得您！

在林巧稚的脑海里还出现了一个个敬爱的亲人：长眠于地下的妈妈、爸爸，含辛茹苦的哥哥、嫂嫂，为了她而放弃学业的侄儿嘉通……在学校学习的时候，如果没有亲人保证自己的吃穿用度，那艘在学海漂荡的"金小船"早就被无情的浪涛给卷走了，哪能扬帆远航呢？

手里捧着的奖学金是林巧稚的第一笔收入，这钱不能只留给自己。她匆匆走出校门来到邮局,将奖学金的大部分寄回家,并给兄嫂写信。

信上说:她已经拿到了毕业证书,而且获得了"文海奖学金"。荣誉属于林家,她永远感谢兄嫂的大恩大德。寄回家的奖学金,请兄嫂笑纳,日后有了工资也将如期寄回,望侄儿嘉通早日恢复学业。

信的末尾说:请兄嫂从奖学金中拿出几块钱,上街买两束最美、最鲜艳的花,代替自己敬献在双亲的坟前,以告慰九泉之下的父母。女儿没有辜负他们的期望,并铭记他们的养育之恩,永远,永远!

林巧稚把信投进邮筒后,轻轻地舒了一口气。她径直走回协和医学院,开始了生活的新篇章。

第四章 | 永不止步
无悔选择

毕业典礼两天后，校长秘书通知林巧稚，顾临校长约她到校长室谈话。协和医学院每年都要从应届毕业生中选出几名高才生留在协和医院任职。显然，顾临校长找林巧稚谈话是为了给她分配工作。

林巧稚走进窗明几净的校长室，顾临校长让她坐在沙发上等候，自己批阅着一份份文件。

过了一会儿，顾临校长从文件堆里抬起头，用严肃的目光打量着林巧稚："林女士，协和医院有几个科室对你的印象都很好，科主任都向我提出要请你到他们那里工作。校董事会经过研究，认为你最好还是到妇产科去，你的意见如何？"

林巧稚一时没有表态。

顾临校长说："林女士，你回去考虑考虑。如果没有异议，两天内通知我的秘书，在聘书上签字。"

林巧稚对协和医院妇产科印象很好，在实习期间，她在那里学到了很多理论知识和临床经验，主任麦克斯维尔先生又很器重她，到那里去工作是可以考虑的。然而，分配消息传开后，同学们却纷纷为林巧稚打抱不平。

"优秀毕业生都去了外科、内科,为什么你却被分到妇产科?"

"这是不公平的!"

在人们眼里,协和医院的几个科室有大小、高低之分,内科、外科被视为大科,儿科、妇产科则被视为小科。出于对林巧稚的关心,同学们自然议论开了。

当天下午,在女生宿舍的走廊上,麦克斯维尔先生被女学生们围住了。

"麦克斯维尔先生,您今天大驾光临,有何贵干?"一个女学生调皮地说。

"用中国话说,这叫'无事不登三宝殿',我上门找林女士来了。"麦克斯维尔先生兴致很高,声音里带有几分喜悦。

"本届最优秀的毕业生被分到了妇产科,难怪您满面春风,这回妇产科可神气得很。"

"怎么?妇产科没有资格分到最好的毕业生吗?"

"这是大材小用!"

"偏见!可怕的偏见!"

"麦克斯维尔先生,您可别高兴得太早了,顾临校长会征求林巧稚的意见。要是她不同意,您可就'竹篮子打水——一场空'了。"

"林女士会同意的！"

"您太自信了吧，麦克斯维尔先生。"

"我了解林女士，她会到妇产科来的。"

这时，有人发现林巧稚从宿舍走了出来。显然，刚才的争论她全听见了。在这关键时刻，她的态度如何呢？

"我已经决定了，到妇产科去！"林巧稚泰然自若地说。

麦克斯维尔先生走上前，握住林巧稚的手说："林女士，你的决定真叫我高兴。说实话，为了争取你到妇产科来，我一边向校长提出请求，一边说服外科主任和内科主任放弃争夺。人才难得，妇产科早就该有位优秀的毕业生了。林女士，你说是吗？"

林巧稚会意地向麦克斯维尔先生点了点头。

在场的同学们都怔住了。

麦克斯维尔先生走后，几位同学好意地劝林巧稚说："你不觉得你的决定太仓促了吗？是不是再重新考虑考虑？"

林巧稚很有礼貌地说："谢谢大家的关心！"然后提高声调，说："我选择妇产科是经过深思熟虑的！一心一意为妇女服务是我的志愿，我决不后悔！"

签下聘书

林巧稚选择妇产科是有缘由的。

在结束8年学业前最后的日子里,林巧稚面临着毕业后的职业选择,妈妈的形象经常出现在她的眼前。有几次在梦里,林巧稚还看见妈妈从茫茫的天际向她走来,温柔地说:"你长大成人了,医术都学到手了,丽咪,你现在能治好妈妈的病吗?"妈妈死于妇科疾病,这是妇产科医生必须攻克的病症,当时的医生却在它的面前望而却步,束手无策。是呀,林巧稚想要听从妈妈的召唤,到妇产科去,挽救像妈妈一样患有这种病症的妇女。

　　后来,在妇产科实习时,林巧稚这种为妇女治病的感情又得到了升华。她不停地接待病人,认真研究各种病例,开出一张张有效的药方。比起在别的科室实习,在妇产科时她的工作热情更高涨,给病人的服务更贴心,因为她也是一个女人。

　　在妇产科门诊室坐诊的医生有好几位,就数实习医生林巧稚桌案上的诊病卡最多。找她的病人一个个耐心地等着,等多久都愿意。一次,几位医生开玩笑地说:"林医生来了,咱们的'生意'都被她抢走了,瞧她'门庭若市',我们却坐起冷板凳来了。"林巧稚抱歉地笑了笑说:"真对不起!找我的病人确实太多了,可我只有一双手,都忙不过来了。"

一天,麦克斯维尔主任来到门诊室,见林巧稚太忙了,便从她那里取了几份诊病卡,依次叫病人来他这里看病。病人慢吞吞地来到主任面前,显得很犹豫,最后又悄悄地把诊病卡放回林巧稚的桌案上。

林巧稚劝说病人:"麦克斯维尔先生是我们的主任,医术高明,比我强多了,他能给你看病是件幸事。哎呀,快找主任去吧。"可病人就是怪得很,任林巧稚怎么劝说,也不离开她。

麦克斯维尔主任笑眯眯地望着林巧稚,摊了摊手说:"我爱莫能助,林医生,只好让你辛苦了!"

劳累了一个上午,林巧稚送走了最后一个病人。麦克斯维尔主任给她倒了一杯水,对她说:"整整一个上午,我看你给病人诊病,耐心、细致,做得很好。一个实习医生能得到病人如此大的信任,真不容易。"他打了个手势,问道:"林医生,你想过没有,为什么病人特别喜欢你?"

林巧稚坦诚地说:"因为我是一个女人。论医疗技术,论临床经验,我怎能和其他医生比、和主任您比?可是咱们妇产科除了我之外都是男医生，中国的女性内向、羞涩，有些话不便和你们说，更不愿意让男医生检查身体器官。因此，要想办好协和医院妇产科，我觉得——"她一下子停住了，抬头望了望主任，不知道自己作为一个实习医生有没有必要和主任谈这些深刻的问题。

"林医生，你说得很对。说呀，把话说完。"麦克斯维尔主任用热情的目光鼓励她。

林巧稚便接着说："妇产科应当有女医生，中国的女医生！"

麦克斯维尔主任双手一拍，兴奋地说："林医生，你的建议很好！其实我在向你提出问题之前已经有了自己的答案，这个答案与你的答案不谋而合！是的，为女人看病不能没有女医生，为中国女人看病不能没有中国女医生，这一结论完全正确！"

主任赞同了自己的建议，林巧稚感到很高兴。

麦克斯维尔主任用信任的目光望着林巧稚说："协和医院妇产科的第一位女医生应该是你，林医生，你同意吗？"

林巧稚非常感激主任对自己的器重，可是离毕业分配还有几个月，这个关系到前程的重要决定她需要认真思考才能作答。

她毫不隐瞒地说："我会重视您的意见，请让我好好考虑。"

麦克斯维尔主任拍了拍林巧稚的肩膀："选择妇产科吧，这里的病人需要你。"

林巧稚轻轻地笑了笑。

在林巧稚登台领取"文海奖学金"以后，协和医院的各个科室都希望她能去工作，林巧稚的选择很多，完全可以挑选最满意的岗位。众所瞩目的外科、内科，在同学们的心目中地位最高，到那里去也许能大有作为。然而，在妇产科实习时的情景与麦克斯维尔主任的谈话却无论如何也不能从她的脑海里抹去。再回忆起妈妈的病逝，想起嘉林老师关于女人要自尊、自爱、自强的教诲，想起兄嫂一再嘱咐自己要为女人争气，她深深感到，作为一个女人，当自己自立之后，决不能将依然处在苦难中的中国妇女遗忘。她觉得自己理应责无旁贷地为她们服务，勤勤恳恳地工作一辈子。

认定了自己奋斗的目标后，林巧稚感到轻松自如，在公开向同学们表达了自己的态度之后，她马上去找校长秘书，在聘书上签了字。

再上新台阶

林巧稚走进协和医院,就像8年前跨入协和医科大学一样,一个个新台阶正等着她去登攀。按照规定,分配到这里的每个毕业生都要先当3～5年的住院医师,才有资格晋升总住院医师;再经过5年的工作,成绩卓著者才能成为主治医师。制度如此严格,令意志薄弱者望而兴叹。

林巧稚也不能例外,只能先当住院医师。这是一项紧张而又艰苦的工作:值班时必须随叫随到,主治医师询问患者的病情和治疗情况时,要能对答如流,来不得半点儿含糊。林巧稚一上任就全力以赴地投入工作,守护着病人。在病房,在手术台前,她都认真地学习主治医师是如何处理疑难病症的。她用眼看,用心记,用嘴问,最后回到宿舍里记在本子上。

一次,林巧稚协助麦克斯维尔主任为一名产妇接生。产妇体质虚弱,几经周折才把婴儿生下来。听着婴儿哇哇的哭声,麦克斯维尔主任乐得合不拢嘴。忽然,产妇身上发出了危险的信号:胎盘没有剥离,还留在子宫里,若不取出,产妇将会大出血,最后死亡。

眼看产妇生命垂危,林巧稚自告奋勇地说:"主任,让我来试试吧!"

麦克斯维尔主任打量着林巧稚,心想:"尽管她成绩优秀,工作刻苦,但毕竟缺乏临床知识和经验,能对付眼前这台难度很大的操作吗?"然而,林巧稚镇定的目光似乎在告诉他:"我会细心取出胎盘的。"

"好吧,你来!"麦克斯维尔主任终于下了决心。

经过严谨的消毒后,林巧稚用纤细的手指如同探囊取物一般,很顺利地把胎盘剥离下来。产妇的血止住了,命也就保住了。

麦克斯维尔主任舒了一口气,连声称赞道:"林医生,你干得很利索,真行!"

此事传开后,林巧稚成了妇产科小有名气的医生。不久,总住院医师因病离职,麦克斯维尔主任果断做出决定,破例任命林巧稚为总住院医师,晋升速度之快是林巧稚没想到的。当然,她决不会就此止步。再谦虚一点儿,再勤奋一点儿,她还要再上台阶。

妇产科里为疑难患者动手术的重任一直由麦克斯维尔主任和另一位主治医师承担。住院医师只能开药方、巡视病房,最多只能做一些简单的手术。尽管麦克斯维尔主任很器重林巧稚，但也没有破过此例。然而，林巧稚是一位很用心的姑娘，她站在手术台旁做主任的助手时，认真地注视着主任的一举一动，连很细微的动作也不放过。她坚信，总有一天，她能为妇女姐妹们主刀，把患者从死亡的门槛拉回来。

一个冬夜，寒风呼啸，雪花飘飘，整个北平城银装素裹，街上几乎没有行人。在安静的产房里，只有林巧稚一个人值班。

忽然，电话铃急促地响起。林巧稚一接，是急诊室打来的，说有一位年轻妇女子宫流血不止，请她速去抢救。林巧稚赶去一看，情况很严重：病人已经虚脱了，脸色惨白，四肢冰冷。她立即采取应急措施，输液、止血。然而，血液依然汩汩地留着，止不住。唯一的办法是立即切除子宫。但进行这么大的手术，非主任医师或主治医师不可！可他们都不在，林巧稚为难了。对，马上打电话向麦克斯维尔主任报告。

可是，麦克斯维尔主任在电话里听完林巧稚的报告后，回答说："抱歉，非常抱歉，我现在在离医院很远的地方。"他又接着说："外面的雪很大，路很不好走。即使我现在就出发，也需要很长时间才能回到医院。"

看来，麦克斯维尔主任不能在这漫天风雪的深夜赶来医院了。林巧稚心里没底，麦克斯维尔主任不来，谁为病人做手术？如果不马上切除子宫，病人的生命就保不住了。她很犹豫。

一道难题摆在她面前，这可比在大学时的考试难多了。这次答题的成绩不是记在一张纸上，而是关系到一个女人的生命。

望着林巧稚茫然的神情，病人的家属焦急地向她求救。

病人的丈夫说："林医生，您一定要救活我的妻子，我和儿女们不能没有她呀！"

病人的婆婆说："您行行好，我儿媳妇的命在您的手里，我给您磕头了。"

还能犹豫吗？不能！林巧稚既然发誓要从病痛中拯救中国的妇女，在这紧急关头，怎能束手无策！她坚信自己的诊断是正确的，不切除子宫，病人就不能得救。在这风雪之夜，妇产科里只有她一位医师在值班，只有她可以救活面前这位垂死的女人。

"马上通知手术室，给一位急诊病人做子宫全切手术！"她吩咐身边的护士，然后做起手术前的准备。

在手术台上，林巧稚拿起手术刀，剥离、切除、缝合，一连串动作完成得干净利落，令身边的护士们惊讶不已，简直不敢相信在无影灯下主刀的是一位刚来不久的住院医师。

手术非常成功，奄奄一息的病人恢复了生机。

第二天，麦克斯维尔主任一进妇产科就着急地问："林医生，昨晚的急诊病人呢？"

"在病房里。"

"情况怎么样？"

"止血了，已经脱离危险了。"

"采取了哪些应急措施？"

林巧稚答道："输血、止血都没有效果，最后切除了子宫。"

"谁做的手术？"

"我。"林巧稚说。

麦克斯维尔主任的额头上爆起了青筋，气呼呼地向林巧稚问罪："简直是冒险！冒险！这么大的手术你一个人做？谁给你的权力？"

林巧稚毫不含糊地回答："病人的情况非常危急，不做手术病人性命难保，在知道您无法及时赶来做手术之后，我才这么做的。"

麦克斯维尔主任哑口无言，心里暗暗埋怨自己："我为什么偏偏昨晚不在家？一个住院医师怎么能处理人命关天的大事呢？"

接着，他不由得担心起来：林巧稚第一次主刀，难保不出差错。他急忙拿起林巧稚桌案上的手术记录，看了一遍又一遍。看着看着，他额头上的青筋消失了，皱着的眉头舒展开来，喃喃自语："很好，手术程序都对，细微处也注意到了。"

麦克斯维尔主任马上来到病房查看，病人状态很好，体温、血压都正常。事实摆在那里：林巧稚的诊断准确、及时，手术很成功，无可挑剔。他心里感到惭愧，刚才不应该不问清楚情况就责备她。

麦克斯维尔主任的双眼中闪着喜悦的光，在林巧稚面前竖

起了大拇指:"林医生,你真了不起!"

从病房出来,麦克斯维尔主任向妇产科的医生、护士讲述了林巧稚的第一例手术是多么成功。他还说:"住院医师原本是不能独自做手术的,但当时情况危急,林医生虽然破了例,却也处理得当,不愧是一位很有才干的女性!"

林巧稚才华出众,备受瞩目,有人向她道喜,有人向她取经,还有人悄悄地告诉她:院方已经把她列为重点培养对象,不久将派她出国考察。

有几位协和医学院的学生正在妇产科实习,听到林巧稚的事迹更是佩服得五体投地,认定林师姐是他们学习的楷模。

一天,他们敲响了林巧稚宿舍的房门,向师姐请教:

"你的第一例手术为什么能取得成功?"

"一个人做那么大的手术,你不害怕吗?"

望着学弟学妹们真诚的目光,林巧稚说:"当时我并没有害怕的感觉,那是因为情况太危急了,我一心只想着病人。寒窗8年学到的知识,两年住院医师的实践,为的就是要救治病人。好了,现在面前的病人生命垂危,在场的只有我一个医生,救死扶伤是医生的天职,我能见死不救吗?"

林巧稚沉吟了一会儿,继续说:"当然,只有对病人负责的精神也不够，还要掌握精湛的医术。没有真本事，你有劲也使不出，病人会在你的手术刀下断送性命。"她打开抽屉，同学们伸头一看，哇，一大摞笔记本！一打开，全是密密麻麻的文字，工整、清楚，不少地方还画图加以说明，这是林巧稚勤学苦练的结晶。

成功的秘诀就在这里——勤奋！

送实习生出门时，林巧稚从小箱子里拿出一个个荷包分赠给他们："这是我亲手缝制的，送给大家做个纪念，希望你们喜欢！"

从林医生的宿舍出来后，大家端详起手里的荷包：缝得很精致，针脚很平整。一位女同学说："林师姐赠我们礼物，大概有特别的含义吧？"另一位女学生恍然大悟地说："林师姐的箱子里全是荷包，她缝那么多荷包，为的是使手指头灵活。林师姐的巧手是练出来的呀。"大家都点了点头："咱们就学林师姐的办法，练出一双巧手来。"

从这以后，在妇产科实习的学生们，不管是女学生还是男学生，一有空闲就做起针线活儿来，一针一线，一丝不苟。

别了，爱神

这天，林巧稚从麦克斯维尔主任的办公室出来，心里惆怅得很。麦克斯维尔主任的话此刻还在她的耳畔回响："林医生，告诉你一个好消息，院方决定让你出国进修。不过，在这之前你必须在聘约的续约书上签字。"

林巧稚小时候就听爸爸讲过在国外的生活，当她在中学上嘉林老师的英语课时，就产生了去异国看一看的憧憬。如今，她踏着医学殿堂的一级级台阶往高处走，出国的目标就更加具体、明确了。譬如，关于妇女子宫出血的问题，关于女性生殖系统的各种炎症及尿道细菌学的知识，她都想通过在国外进修的机会掌握。到医学发达的国家考察、进修是林巧稚梦寐以求的。

然而，麦克斯维尔主任宣布的"好消息"并不能使她兴奋，相反却激起她对院方的反感。

3年前，她在聘书上签字时的情景历历在目。

当时，林巧稚签了3年的聘约。3年里，她为了事业，错过了缠绵的恋情。

虽然林巧稚曾做过"当医生"的抉择，但她毕竟是一个有血有肉的人，何尝不想过一个普通女人的生活：恋爱，结婚，生儿育女，组建一个幸福的家庭。在产科病房里，每当看到可爱的小宝宝从母体降生，看到年轻父母幸福的笑脸，她的心中总会产生一种极为复杂的感情：既为他们结出的爱情之果而快乐，又为自己无法拥有这甜美的果实而烦恼。她扪心自问：难道我非得继续当医生不可吗？是呀，如果到了续约的时候，我一定要重新考虑。

现在，麦克斯维尔主任又一次把院方的聘书放在了她的面前。林巧稚的耳畔响起了一个声音："你已经32岁了，再耽误下去很可能就得孤独终身。"可另一个声音更响："林巧稚，你不是立志做职业女性吗，怎能半途而废呢？可惜，太可惜了！"

两个声音吵吵闹闹，林巧稚觉得自己的脑袋似乎要炸裂了。"林医生！"一个温柔的声音把她唤醒，定睛一看，是一位内科主治医师。她是一位外国女郎，平时总是阴沉着脸，似乎有什么心事。然而，今天她一改常态，兴奋地告诉林巧稚："后天我就要回国了。"

"度假？"

"不，不！我的聘约到期了，我可不愿意续约！我都35

岁了，爱人已经等了我 10 年，不能让他再等下去了。我马上就要回到他的身边，然后和他结婚。"

女医生走远了，林巧稚还呆呆地站在那里。

她也有与这位女医生一样的烦恼、一样的渴望，能不能也做出一样的抉择呢？回到爱人身边，享受家庭的快乐，固然是幸福的。可是要她就此与协和医院断绝关系，却是太难了。这里设备齐全、力量雄厚，她马上就能出国进修了。要在事业上不断进取，她就离不开协和医院。在事业与爱情之间抉择，她该如何摆放天平上的砝码呢？

此刻，林巧稚的耳边又响起那两个声音，争来吵去，愈演愈烈。她好不容易才强迫自己平静下来，暂不去考虑这个令人烦恼的问题。

回到宿舍楼，她从信箱里拿出一封信，哎呀，是从家乡寄来的。她好不欢喜，急忙回到宿舍，坐在床边读信。嫂子在信里写道：按月寄来的钱都收到了，有了你的资助，家境比以前好多了。嘉通去年考上了上海沪江大学（今上海理工大学），今年准备转学到燕京大学，几个女儿也打算过几年到北平的高校求学。

林巧稚拍手叫好，侄儿侄女就要陆续来到她的身边，以她为中心，不久就可以在北平组织一个"家庭"了。林家的变化与林巧稚的自立分不开。作为一个女人，她没有依附于男人，而是用自己的双手挣钱，并为侄儿侄女的成长铺平了道路。林巧稚感到十分欣慰，把刚才的烦恼和不快全都抛开了。

林巧稚继续读信，读着读着，眉头却紧锁了起来。

嫂子在信里语重心长地说："丽咪，你已过了30岁，个人问题再也不能不考虑了。偌大的中国，凭你的学识和本领，还怕端不上饭碗？最近在鼓浪屿也办了一家医院，院长找过你哥哥两次，要高薪聘请你。事业重要，爱情也不可缺少，终身大事绝不能再耽误，切记，切记！"

这一夜，林巧稚久久不能入睡，她又一次陷入深深的苦闷之中。

第二天，麦克斯维尔主任找林巧稚谈话。

"林医生，续约的事情你考虑好了吗？"

林巧稚一时难以回答。

麦克斯维尔主任看出她还在犹豫，便说："在协和医院一般是当了主治医师后才有可能出国的，你现在就得到了这个宝贵的机会，林医生，你应该珍惜呀！"

出于对医学的热爱和对病人的挂念，林巧稚不想再犹豫了。

她要潜心研究医学,用自己的实践去实现自己的理想!

林巧稚毅然地说:"主任,我可以续约。"

麦克斯维尔主任高兴极了,他从抽屉里拿出一大沓介绍信,总共有十几封。他在信中把林巧稚介绍给了在英国伦敦皇家内科医学院和剑桥大学等机构任职的专家教授。捧着这些沉甸甸的介绍信,林巧稚心中充满了对麦克斯维尔主任的感激之情。

1932年,林巧稚首次跨出国门,抵达英国。在伦敦,在曼彻斯特,她参观了各家医院和研究机构,并利用那里的实验室和图书资料进行妇产科医学知识的深入研究。一进入图书馆,她就如饥似渴地汲取知识的养分,只在中午出馆吃几口自己带来的面包,便又回去埋头于书堆之中。

第二年,林巧稚结束了在英国的学习之后,又赴奥地利考察,然后返回祖国。

第五章 ｜ 丹心
我是中国医生

　　林巧稚从国外考察回来后更加受到麦克斯维尔主任的赏识。麦克斯维尔主任手里扬着一封英国的来信，高兴地说："林医生，英国的医生们写信称赞你，说你是东方的杰出女性，中国妇产科的一颗明星！"

　　回国后不久，林巧稚获得晋升，她在妇产科领域的一些研究大有进展，发表了一篇又一篇有影响力的论文。前进的步伐又快又稳，再往前走，她就可以去摘取一个个学术成果了。

　　可就在这几年里，日本帝国主义的铁蹄踏上了神州大地。东北失守，华北告急，国难当头，烽烟四起……

　　令人悲伤的消息像一块块巨石砸在林巧稚原本平静的心上。自1921年来到北京后，她两耳不闻窗外事，在协和医科大学的大门里专心读书、做研究。她认为这才是爱国之举、救国之法。可现实是如此无情，国家贫弱，侵略者乘虚而入，如今山河破碎、同胞受难，她还有什么心思搞科研、写论文！

　　林巧稚开始关心时事。她每天翻阅报纸，和关心国家大事的友人交谈，心情越来越沉重。她经常独自思考：如此下去，中国还有救吗？我怎样才能为救国尽一份力？

民族危机日益严峻，日军步步进逼北平。1937年7月7日夜里，北平西南的卢沟桥传来了猛烈的枪炮声，日本帝国主义发动了全面侵华战争。北平告急！

北平城内一片混乱，马路旁的屋檐下住着难民，十分拥挤。生病的老人在呻吟，饥饿的孩子在号哭，凄凉悲切，惨不忍睹。而城里的富人们大多卷起细软，乘坐着一辆辆轿车四散奔逃。人心惶惶，就连被视为"世外桃源"的协和医院也弥漫着紧张的气氛，今天走了一个，明天又走了一个，外国医生们都一个接一个地回国去了。

这天，麦克斯维尔主任对林巧稚说："林医生，你在英国考察时去过我家吗？"

林巧稚打开了记忆的闸门，她滔滔不绝地说："我去您家拜访过。你的夫人很美丽，待人热情，见我从遥远的中国来，一定要留我吃晚饭。您的小女儿是童话里的小公主，大眼睛、翘鼻子、小嘴巴，一点儿也不怯生。她给我唱歌，还讲童话故事给我听呢……"

麦克斯维尔主任感慨地说："是呀，我离开幸福的家太久了，有十几个年头了。不能再这样下去了，我应该回家了！"

林巧稚有点儿吃惊："马上就走？"

"是的。"麦克斯维尔主任点了点头，过了一会儿又说，"我们在一起工作的时间很长，相处得也很好，以我对你的了解，你是一位献身于医学的中国女性，需要一个能让你专心做研究的环境。我邀请你一同去英国，到了那里，实验室、手术室、高收入、安稳的环境，一切都会有的。像你这样出色的医生，在国外是可以端到'金饭碗'的，你大可放心。"

见林巧稚眉头紧蹙，麦克斯维尔主任又说："林医生，不必再犹豫了。如果你同意的话，我马上叫人替你办出国手续，怎么样？"

林巧稚回答道："现在国内的形势这么严峻，我怎么能离开呢？"

"你又不是军人，你能去战场保卫你的国家吗？"麦克斯维尔主任还是想说服她，"战争太可怕了，炸弹一扔，枪炮一轰，再好的医院也会被夷为平地，实验室、手术室也会化为灰烬。就连活生生的人，包括最出色的医生，也可能让没长眼睛的子弹夺去生命。战争是恶魔，我憎恨它。林医生，避开这场灾难，到一个宁静和平的环境里去追求你热爱的事业吧。"

林巧稚想起很久以前嘉林老师也说过这样的话："我憎恨战争。"是的，人类不应该互相残杀，谁不渴望和平？然而，如今侵略者在我们的国土上燃起战火，我们就任人宰割或是逃之夭夭吗？不能，决不能！

"麦克斯维尔先生，谢谢您的关照。"林巧稚坚定地说，"可是我不想离开这里，我哪儿也不去！"

麦克斯维尔主任说："你不离开这儿？北平的环境一旦继续恶化，连协和医院都难以保全，将来你可就身不由己了。"

"就算协和医院完了，我也不离开北平！"

"这是为什么？"

林巧稚动情地说："麦克斯维尔先生，我和您不一样。您是英国人，当然可以回到自己的国家去。我是一个中国人、一位中国医生，我不能离开灾难深重的祖国，不能离开中国这些需要救治的病人！"

麦克斯维尔主任感动地说："林医生，我明白了。你是一位有爱国心的医生。我再也不会强求你，我们只好分别了！"

麦克斯维尔主任离开的那天，林巧稚含泪送别。十几年来，麦克斯维尔主任一直见证着她的成长：邀请她来妇产科，给予她专业上的种种指点，把她介绍给英国医学界……麦克斯维尔主任和嘉林老师对林巧稚的影响是巨大的，也永远留在了她的心间。

炮声隆隆，火光映红西边的天空。战乱中的分别，令人心酸。麦克斯维尔主任紧紧握住林巧稚的手说："林医生，医学事业需要你，千万保重！将来如果你的处境太艰难，不妨到国外暂避一阵，等战争结束再回国出力。如果你想来英国，就写信告诉我，我们欢迎你！"

麦克斯维尔主任离开妇产科后，主任一职由另一位外国医生接替，新主任把自己的主要精力放在了研究上，对妇产科的日常工作不太熟悉，因此大量的诊疗工作都压在了林巧稚的身上。她一上班就开始忙碌，连一口水都不敢喝，生怕上厕所耽误了时间。

就在工作紧张、人手短缺之际，住院医师陈本真向院方提交了辞呈。陈本真低林巧稚6届，20多岁，身材娇小，圆圆的脸上长着一双聪慧的眼睛。她热爱医学，敬佩林巧稚。林巧稚很爱护这位小妹妹，一心想帮助她、培养她。事业刚要起步的陈本真为什么要离开协和医院？

林巧稚感到诧异，便急忙去找陈本真。

陈本真的宿舍乱糟糟的，床上、桌上、椅子上都扔着东西，只有一个皮箱里整整齐齐地放着衣物和书本。显然，她已整理停当，就要出发了。

一见林巧稚，陈本真面带歉意地说："巧稚姐，我正想去向您辞行，慢了一步，让您来看我了。"

林巧稚问："你一定要走吗？"

"我心意已定。"陈本真的口气十分坚决。

"离开协和医院，不觉得可惜吗？"

陈本真坦然地说："协和医院的条件很好，我本想在这里向您多学点儿本事。可是，现在北平就要沦陷了，我不想在这里生活。"

林巧稚的心像被针扎一般。陈本真是对的，在民族危亡关头，当然可以离开协和医院。可是，林巧稚仍然难以割舍那些留在这里的病人，她们需要她的救治。

"那么你准备到什么地方去呢？"林巧稚问。

"具体地点还未确定。我买了南下的火车票，可以到大后方去，或者上前线。总之要参与到抗日的工作中去，用我们医生的手，为战士、为同胞治疗伤病。"

"你的主意很好。"林巧稚赞同地点点头。

当知道陈本真是与当药剂师的未婚夫同行时，林巧稚关心地问："你们不是快要结婚了吗？准备在哪里举行婚礼？"

"兵荒马乱的年月，还讲究什么呢。"陈本真脸上微微泛红,轻声地说,"以后在一起生活,就算结婚了。"

"也只好这样了。"林巧稚感慨地说。

第二天,林巧稚给陈本真送行。她把用红纸包好的一套精美的西餐具送给陈本真,说:"这是祝贺你们新婚的小礼物,留作纪念吧!"

陈本真哽咽着说:"谢谢!巧稚姐,您多保重!"

轰隆隆!炮弹的爆炸声一阵紧似一阵。林巧稚的心在颤抖:麦克斯维尔主任走了,陈本真走了,她的心里空落落的,感到从未有过的孤单。

救治难民

1937年7月底,北平沦陷了。前门的城墙上插着太阳旗,荷枪实弹的日军在大街上巡逻。古都受践踏,人民遭欺侮。

林巧稚每天到协和医院上班,经过大街小巷,耳闻目睹了难民悲惨的生活。唉,在敌人的铁蹄下生活,就像在地狱里受罪。林巧稚思忖道:再苦,我也会熬过去的,我不想去国外过舒适的日子,我愿意和同胞一样受苦,救治她们,多为她们看病,尽一个医生的责任。从此,除了上班以外,林巧稚还在家里准备了出诊箱,老百姓请她,她二话不说,提起出诊箱就出发。

一个风雨交加的黑夜,林巧稚忙了一天,刚要上床歇息,突然传来嘭嘭的敲门声,还夹杂着急促的叫喊声:"林医生!林医生!"

林巧稚马上披了衣服出去开门,门外是一位衣衫褴褛的中年男子。他哭丧着脸哀求道:"我的妻子和孩子快没命了,求求您,救救他们吧!"

林巧稚问明他的住址后劝慰道:"你先回家,照顾产妇要紧,我随后就到。"

"林医生,你一定要来呀。"中年男子盯着林巧稚,有点儿放心不下。

林巧稚诚恳地说："我做好出诊准备后一定上门为你夫人接生，你放心吧！"

中年男子千恩万谢，走到门边又转身说："天黑，又刮风下雨，林医生可要小心呀！"

林巧稚一边整理出诊箱一边说："我会想办法的。"

林巧稚提着出诊箱出门，走了一段路后，发觉前面的路十分难走。夜晚伸手不见五指，风嗖嗖地吹，夹着冰凉的雨点，每走一步都要用很大的力气。林巧稚呼哧呼哧地喘着气，艰难地朝前走着。

出门之前，林巧稚本以为可以雇到人力车，可现在她有些茫然了。夜深了，天气又坏，路上空荡荡的，连个人影也没有。

在一条坎坷不平的街道上，林巧稚跌跌撞撞地走着。忽然，她的眼前一亮，就在前面十几步远的地方停着一辆人力车。她三步并作两步赶上前，急急忙忙拽住车夫，唯恐他不见了。

"师傅，我有急事，麻烦您拉一趟车吧。"林巧稚礼貌地说。

车夫惊愕地望着黑暗中的女人，踌躇着。

林巧稚说："天黑路难走，我可以多付车钱。"

"不，我不是为了多拿你的钱。"车夫摇摇头解释道，"在这种时候，又是深更半夜，你一个妇道人家出门，太危险了！"

"好心的师傅，别为我担心！"林巧稚拍了拍出诊箱，"我是个医生，救人要紧！有位孕妇难产，我不赶去，两条人命就保不住了！"

车夫被感动了，马上改口说："医生，请上车吧！"

车轮滚滚，越滚越快。车夫在卖力地赶路，看得出他也在为垂危的产妇着急，想着早一点儿把医生送上门。多好的车夫呀，林巧稚心里很感动。

突然，不远处传来嘈杂的声音，还有零星的枪声。

"出了什么事？车子过得去吗？"林巧稚心里好不焦急。

车夫说："医生莫急，这路面我熟，拐到另一条路走就行了。"说着，他把车拉进右边的胡同，然后再拐入另一条道，顺顺当当地拉着林巧稚跑了一段路，平平稳稳地停在了产妇的家门口。

见林巧稚打开钱包，车夫摇摇手说："这年月大家都在受苦，同胞有难，咱们能帮就帮。医生您都深更半夜出来救人了，我怎好拿这车钱？"

没等林巧稚掏出钱，车夫拉起车转身就跑了，黑夜中只留下了他的脚步声，噼啪、噼啪……声音越来越小，渐渐消失。

望着远去的车夫，林巧稚的心颤抖得厉害。一个卖苦力的人力车夫，他说的话，他做的事，是多么高尚啊！过去，协和医院的高墙把她与劳苦民众隔开了；走出围墙，她见到了另一个世界，接触到了像车夫这样纯朴的平民百姓。

林巧稚走进一间低矮潮湿的房子，一眼就瞧见面色青紫的产妇正在炕上呻吟，好不痛苦。幸好遇到了好心的车夫，及时把她送到，不然后果就严重了。

产妇的公公、婆婆哭喊着："医生，救救我苦命的儿媳妇吧，她不能就这样走了呀！"中年男子焦急地搓着手："医生，她还有救吗？"

"让我查看查看。"林巧稚对产妇做了仔细的检查，发现胎位不正，必须马上抢救。她镇定地说："不要慌张，孩子能生下来的。"

屋子里的哭声立即止住了，一家人看着林巧稚，仿佛看到了希望。风雨吹打着破烂不堪的窗户，哗啦哗啦地响，像是死神在敲门。林巧稚硬是把死神挡在了门外，她用熟练的操作帮助产妇恢复力气，迎接新生命。

"哇——哇——"孩子出生了，舞动着手脚，哭喊着。

屋子里的人破涕为笑，躺在炕上的产妇含笑望着丈夫手中的婴儿。林巧稚长舒了一口气,擦了擦脸上的汗水。此时已是拂晓,晨曦透过窗户,照亮了林巧稚眼前破烂的房屋,以及屋子里一堆破烂的家什。

婆婆端给产妇一碗棒子面粥,这大约就是家里最好的营养品了。如此营养不良,难怪产妇骨瘦如柴,生下的孩子也很虚弱,多可怜的人家!

丈夫见妻子得救,孩子也平安出生,自然高兴。可是面对忙了一夜的医生,他又犯起难来。家里一贫如洗,拿不出诊金,怎么办呢?他不住地搓着手,露出惴惴不安的神情。

"林、林医生……"他嗫嚅着。

林巧稚看出了他的难处,说:"你不必为难了,诊金免了。"她提着出诊箱走到门边,转身嘱咐道:"你妻子身体很虚弱,要设法给她补补身体。"

"林医生,谢谢您!"中年男子的热泪夺眶而出。

产妇的公公、婆婆挑起门帘,望着在晨雾中远去的林巧稚,双手作揖,嘴里不住地念叨:"苍天呀,求你保佑林医生平平安安!"

回家的路上,林巧稚用不着着急赶路,便缓步行走。一夜的风雨之后,路面上都是落叶、积水。走着走着,一不小心,

第五章 丹心

她被什么东西绊倒了，幸亏跌得不重。

林巧稚站起来拍了拍衣服，回过头想走上前看个究竟。天哪，地上躺着一个六七岁的小男孩，伸手一摸，已经僵硬了，这就是一具"路倒"啊。

战乱给人民带来了深重的灾难，流离失所的老人和孩子忍饥挨饿，常常在寒夜里被冻死，一头栽倒在街头巷尾，被称为"路倒"。这种事情林巧稚过去仅仅是听人说过，或是从报纸上看到过。这回，她却是真真切切地目睹了这一惨状，叫人好不辛酸。昨夜救了两条人命给她带来的点滴欢乐消失殆尽，涌上心头的是极大的悲哀。她用双手为产妇接生，迎来可爱的小生命。也许，这些小生命今后却要捡破烂、拾煤渣，最后被饥饿、寒冷和战争吞噬。尽管她夜以继日地救死扶

伤，也治不好战争带来的满目疮痍。

林巧稚想起了陈本真，现在她和丈夫正在为抗日战士治伤吧？他们的工作很有意义，让战士早日康复，用枪、用炮把侵略者赶出去。只有这样，才能赢得和平，消灭罪恶的战争。此刻，林巧稚产生了为抗日战士服务的强烈愿望。可是在北平，她能做什么呢？

一天，有位友人告诉她，中国共产党领导的八路军正在有力地打击日本侵略者，最近在平型关打了大胜仗，长了中国人的志气。

"真的吗？"林巧稚无比兴奋。

"消息完全可靠。"友人握着拳激动地说，"前方战士打仗，全国同胞应尽力支援。这样，抗日就有力量了。"

"我能提供什么帮助吗？"林巧稚问。

"可以呀。"友人告诉她，"八路军缺少医务人员，医疗用品、药品更缺。北平医务界几位志同道合的先生正在商量，想为战士弄些药品，不知你是不是愿意捐献？"

"行！"林巧稚满口答应。

友人走后，林巧稚立即上街买药。为了不惹人怀疑，她在这家买一点儿、那家买一点儿，北平城主要街道的药店她几乎跑遍了。回到家再把药整理成一大包。

第二天，友人来取药，高兴地说："林医生，你买的药品种类多、质量好，抗日勇士们会感谢你的。"

林巧稚关心地问："这些药送得出去吗？"

"你放心好了，药由我转交，很快就会送到，那边正等着用呢。"

"太好了！"林巧稚高兴极了。

从此以后，林巧稚继续偷偷购买药品，一共捐献了5次。能为抗日前线出一点儿微薄的力量，她感到从未有过的快乐。

没过多久，林巧稚得到了协和医院的资助，前往美国芝加哥大学医学院进修，再一次离开了祖国。

祖国，我回来了

> 纵然游遍美丽的宫殿，
> 享尽富贵荣华，
> 但是无论我在哪里，
> 都怀念我的家。
> 好像天上降临的声音，
> 向我亲切召唤，
> 我走遍天涯海角，
> 都想念我的家……

1940年春天的一个晚上，在美国芝加哥国际公寓的花园里，正在这里进修的林巧稚久久地站在甬道上，仰望着头顶的星光，一遍又一遍轻声吟唱这首《可爱的家》。身后公寓的舞厅里灯火辉煌，热闹非凡，周末舞会把留学生和进修人员都吸引了过来，来自五湖四海的朋友们和着华尔兹的曲子，笑呀，跳呀，一切是如此欢乐。林巧稚婉言谢绝了朋友们的邀请，悄悄来到这僻静的角落里。神州大地硝烟滚滚，大半的河山还在敌人手中，她哪有心情听歌跳舞？此刻，回响在她耳畔的是枪声、炮声，她似乎还能闻到一股呛人的硝烟味。

林巧稚想起去年9月在天津塘沽港登上出国海轮时的情景：她提着皮箱随着人流一步步走向客轮，旁边的日本兵肩背长枪，手执皮鞭，凶狠地撵着搬运工。大包大包的麻袋压在工人身上，他们弓着背，步履艰难，走在通往一条货轮的窄小踏板上。她悲哀地望着受苦的同胞，步子变得十分沉重。"过来！检查！"一阵吆喝声传了过来，面前是一个荷枪实弹的日本兵。他用生硬的中国话吼叫着，又是看证件，又是检查皮箱，百般刁难……她的脑海里又浮现出前门城楼上的太阳旗，古都街头流离失所的人们，深夜倒在地上的孩子……

灾难深重的祖国，破碎不堪的家园，远在大洋彼岸的女儿想念您！

林巧稚的辅导老师是在美国很有名望的妇产科专家艾蒂尔博士。他是一位和善的老人，与林巧稚见面交谈后，就乐得合不拢嘴。"林医生，听你说一口漂亮的英语，我很高兴，我们一定能合作得很好，因为我们之间没有语言障碍。"他翘起大拇指夸奖道，"我见过许多中国人，就数你的英语说得最好。"

第二天，艾蒂尔先生交给林巧稚一把专门为她配的实验室钥匙。实验室设备先进，林巧稚一进去就埋头于"婴儿宫内呼吸"的课题研究，很快取得了进展。她写的论文发表后，在美国医学界反响很大。学院里凡是成绩优异者，照片将被陈列出来，林巧稚的大幅照片很快就被挂在引人注目的地方。艾蒂尔先生常常拿林巧稚作为榜样来教育科里的医生们："看看林女士，多么出色。你们要有进步、有作为，就应该像她那样工作。"

对于医学研究，林巧稚一贯兢兢业业。她十分珍惜这次到美国进修的机会。和之前赴英国进修不同的是，此时祖国正遭受战乱之苦，她的心情很不好，老是掐着指头数日子，就盼着早点儿回国。度日如年呀，好不容易过去了10个月，进修期满，回国的日子快到了。

这几天，艾蒂尔先生见到林巧稚，总流露出依依不舍的神情，原本快活的脸上失去了微笑，总是若有所思地皱着眉头。

这天，艾蒂尔先生和林巧稚进行了长谈。

"林医生，你对在本院妇产科进修感到满意吗？"

"艾蒂尔先生，本院妇产科为我提供了很好的科研条件，特别是您的教导令我终生难忘。"林巧稚真诚地感谢面前的美国朋友，继续说道，"我能有所长进，离不开先生您的帮助，这种帮助不仅有技术上的指点，还有您的资助。为了使我的研究课题得到充分的实践，您为我支付了一部分昂贵的实验费……"

"能为你提供一点儿帮助，我感到荣幸。"艾蒂尔先生说。

林巧稚上前握住了他的手："谢谢您，艾蒂尔先生！"

艾蒂尔先生脸露喜色，兴奋地说："林医生，如果你觉得我们的合作对你有益的话，我希望这种合作能继续下去。我们可以确定几个我们都感兴趣的课题，一个个进行研究。经过共同努力，一定会有惊人的突破，为世界妇产科医学研究做出贡献！"

"继续合作？"林巧稚感到疑惑。

艾蒂尔先生以肯定的语气说："对！再也不是10个月的短期合作，而是长期合作，一直合作下去。"

"进修期已满，我就要回国了。"林巧稚说。

艾蒂尔先生从沙发里站起身，激动地说："你可以辞去协和医院的职务，留在美国，留在芝加哥大学。你学识渊博，临床经验丰富，科研成果为美国医学界所瞩目。我有充分的理由推荐你留在本院妇产科任职，这是毫无问题的，关键看你本人的态度。"

林巧稚毫不犹豫地说："不，我不能留在美国，我要马上回到自己的国家。"

"为什么一定要回国呢？"

林巧稚悲怆地说："因为那里战火纷飞，我应该回到受苦受难的民众中去。"

艾蒂尔先生耸了耸肩，吃惊地说："林女士，你是怎么想的？战争太可怕了，不少人想躲都来不及，你已经来到安全的美国，还想回到战争的旋涡？"

林巧稚平静地说："我不会在国家的危急关头逃走，要逃的话，3年前我就到英国去了。"

"那么，你为什么要来美国进修？你的医学科研还能进行下去吗？"

林巧稚回答道："我来这里进修的目的是解决妇产科方面的一些难题，更好地为中国的妇女治病。由于战争，我的研究可能暂时停止，但这种局面不会持续太久。日本帝国主义征服不了中国，总有一天，中国会赢得胜利！"

"林女士，真想不到你有如此坚定的信心。"艾蒂尔先生被林巧稚的话打动了，感慨地说。

就这样，林巧稚谢绝了艾蒂尔先生热情的挽留，放弃在美国优渥、舒适的生活，回到了满目疮痍的祖国。她选择回国的第一站是鼓浪屿,厦门早已沦陷,这座美丽的海岛会被糟蹋成什么样子呢?

远洋客轮迎着海风,乘着海浪,徐徐驶进厦门港。海鸥展翅飞翔,远处的沙洲上有几只白鹭昂首挺立,听着客轮发出的汽笛声……江山依旧,多么美丽的风光!啊,亲爱的祖国,您的女儿回来了!

当客轮进入厦鼓海峡时,林巧稚原本明朗的面孔立刻黯淡了,出现在她眼前的是令人心痛的场面:插着太阳旗的军舰、汽艇停泊在鹭江上,趾高气昂的日本兵站在甲板上,鹭江的宁静已经不复存在了。

林巧稚看着侵略者的面目,暗自愤怒。当客轮靠上厦门太古码头时,她的脚像灌满了铅,过了很久才迈出沉重的步子,踏上了被敌人占领的土地。

林巧稚急忙搭乘小船来到对岸的鼓浪屿,站在家乡的土地上,她如释重负地松了一口气。

林巧稚走进林振明的家,大哥和大嫂看到丽咪回来了,自然欢喜。嫂子说:"嘉通、瑜铿、碧铿、懿铿都在你身边读书、工作,我和你哥哥都很放心。丽咪,多亏了你的帮助,我们的几个儿女才有今天!"

林巧稚摇了摇头说:"嫂子,您不要说见外的话了。爸妈早已离开人世,您和哥哥就是我最亲近的人,我一辈子也报答不了你们的恩情!"

国家有难,林振明郁郁寡欢,不住地长吁短叹。由于战争,进出厦门的商船、渔船大大减少,他经营的工厂门庭冷落,濒临破产。

林巧稚问起亲友们的近况,林振明长长叹了一口气说:"大家的日子都很艰难,厦门江边的两层楼房已经被日军的燃烧弹炸了,住在那里的人如今两手空空,家里的东西全化为灰烬。他们只能寄居在别人家,以养猪种菜为生。"

回家后的第二天,林巧稚独自一人在岛上四处走走看看。啊,鼓浪屿原有的悠闲与宁静已全然消失,到处是嘈杂的人声,一片混乱,这里成了同胞们的避难所。从厦门涌来的一批批难民,拖儿带女,有的背着破棉被,有的提着锅,见到空着的地窖就钻进去住,小小的海岛上竟多出了几万人。没有吃的,有人就砍木瓜树,果实吃光了,就连树皮也吃……

目睹这一幕幕惨相,林巧稚感慨万千:北方民众在遭难,南方百姓也受煎熬,漫漫黑夜无尽头,何时能重见黎明?

林巧稚诊疗所

短暂的团聚后，林巧稚告别家人，回到协和医院。如今她的威望更高了，她在美国进修时的科研成果和谢绝高薪聘请毅然回国的举动，成了人们的美谈。她被任命为妇产科主任，成为协和医院第一位中国籍妇产科主任。

1941年12月，日本海军偷袭珍珠港，太平洋战争爆发。在一个滴水成冰的寒夜，日本军队突然开进协和医院，强迫所有医务人员到走廊集合，然后像押犯人一样把他们赶出了医院。能走动的病人也被撵出了医院，不能走动的病人被抛弃在病床上无人过问，甚至有正在接受手术的病人惨死在了手术台上……

从协和医院被赶出来的医生们都在寻找出路，有的去了国外，有的去了南方。林巧稚什么地方也不去，她说："前几年英国我不去，美国我也不留，现在我还要去哪里！我就在北平住下去，协和医院关闭了，我可以自己办诊所，一样能给同胞们看病。"

侄女林懿铿的丈夫周华康曾是协和医院小儿科的医生。他成了林巧稚的合作伙伴。俩人东奔西跑，好不容易才在东堂子胡同 10 号找到了落脚的地方。林巧稚和大姐林款稚、侄女林敏铿及周华康、林懿铿夫妇都住到这里。安定下来后，林巧稚开始张罗开办诊所。

在一个春意盎然的日子里，东堂子胡同 10 号门口响起了乒乒乓乓的鞭炮声。一块系着红绸的木牌挂在门口，木牌上写着"林巧稚诊疗所" 6 个大字。

林巧稚医生早就誉满北平城，在妇女当中享有很高的声望。诊所刚开业就门庭若市，慕名前来就诊的人络绎不绝。林巧稚过去的病人大多是达官贵人的妻女，各国驻华使馆里的夫人、小姐，这是因为协和医院的门槛很高、收费昂贵，穷苦人家的妇女不敢问津。现在好了，赫赫有名的林医生在北平一个普普通通的四合院里办诊所，收费低廉，各阶层的妇女都来找她看病了。遇到危重病人，林巧稚就会拎着药箱出诊。路程近，她就走路；远一点儿，她就雇人力车；更远的地方，她就骑着毛驴赶路。

林巧稚来到群众中间，有了机会接触各种各样的人。她时而被请到富豪家看病，走进高墙中的深宅大院，跨入富丽堂皇的厅堂，见到的是阔佬阔少、千金小姐；时而走进穷苦人家，见到的男女老少个个面黄肌瘦。在同一个社会里，贫富差距如此悬殊，让林巧稚感慨不已。

　　林巧稚默默地关注着在苦难的深渊里挣扎的穷人。她去富人家看病，收取合理的出诊费、医疗费，用这些收入付诊所的房租、添置医疗器械，购买药品。然而，她给平民百姓看病时，收费则比北平任何一家私人诊所都便宜。遇到穷苦人家，她分文不收，还免费赠送药物，有时甚至解囊相助。她要竭尽绵薄之力，去拯救在战争中受苦受难的同胞们。

　　一次，北平近郊的一位农民请林巧稚给妻子急诊。车夫薛师傅常给林医生拉车，和往常一样，他把林巧稚送到病人家里，然后放好车子，自己蹲在屋外守候。

　　左邻右舍的乡亲把车夫团团围住，向他发问："屋子里的人还有救吗？"

　　"有救，有救。"薛师傅答道。

　　"真的吗？"

　　"我老薛从不骗人，屋子里的人有福啦，请来了林医生，得救了。"

　　大家又七嘴八舌地问："这病不好治吧？小孩生不下来，大人出血止不住。人血又不是水，老是哗哗地流，命还能不丢吗？""上午请来了两个医生，晌午又来了一个，都摇摇头走了。大人小孩要得救，除非现在请来的医生是位神医！"

薛师傅啪嗒啪嗒地抽了几口旱烟，把烟斗在鞋帮上叩了叩，然后向大家开讲："林医生比神医华佗还高明！我常给她拉车，亲眼见过许多难产的女人在她手里起死回生。病人的家属先是哭哭啼啼地迎她进屋，过后总是欢欢喜喜地送她出门。刚才你们说的那些病状，林医生见多了，有办法治，你们这些善良的邻居不用担心了。"

众人听车夫说得头头是道，有的点头称是，有的半信半疑。

西斜的阳光照在紧闭的门户上。忽然，屋子里传出婴儿哇哇的哭声，邻居们异口同声地欢叫："哎呀，孩子生下来了！"

门吱呀一声开了，探出一张笑脸。主人向大家报了喜："是个小子，内人也保住了！"然后又把门掩上了。

这下，众人又把薛师傅围住了，有的夸林医生医术高明，有的夸车夫有眼力。刚才还持怀疑态度的人声音特别洪亮："师傅，我算服啦！你说得对，林医生比神医还棒！"

接着，众人议论纷纷："林医生是北平城里的大名医，让她来这么远的地方接生，要花一大笔费用吧。""这还用说，两年前城里有个医生到邻村抢救了一个产妇，要了一根金条呢。"

"这可不得了！这户人家穷得都揭不开锅了，哪里来的金条？看来只好卖掉田地了。唉，母子俩虽然得救了，但往后的日子可怎么过呢？"

薛师傅还是啪嗒啪嗒地抽着旱烟，见大家把话说尽了，才慢条斯理地说："你们放心好了，咱们林医生心肠可好呢！她不会从穷人的口袋里硬抠几个钱的，不信，你们等着瞧吧！"

这时，大门开了。林巧稚提着出诊箱走在前面，身后紧跟着产妇的丈夫，他手里攥着几张钞票："林医生，这钱——"

"别推来推去了，产妇身体太虚弱了，这钱留给她补补身体。"林巧稚一边说，一边跨进人力车，招呼车夫薛师傅上路。

人力车消失在夕阳的余晖里。产妇的丈夫站在原地，厚厚的嘴唇不住地颤动着，许久都说不出话来。众人围了上去，指着他手里的钞票问："林医生把诊金退了？"

产妇的丈夫哽咽着说："我哪儿来的钱？这钱是林医生给我的！她大老远赶来接生，我一辈子也报答不了林医生的恩情！"

左邻右舍听着听着，感动得流下了泪水，都说林医生是打着灯笼也难找的好医生。很快，林巧稚济贫救难的故事在北平郊区传开了，她的名字就像一块丰碑，竖立在纯朴农民的心上。

这年端午节前的一个大清早,东堂子胡同10号的门被叩响了。林巧稚以为有人请她急诊,快步出去开门。哎呀,是郊区的那位农民赶着毛驴进城来了。

"你的妻子、儿子都好吗?"林巧稚关切地问。

"托林医生的福,母子俩都很好。"农民一边满脸笑容地回答,一边准备把农产品给林巧稚挑进院子。生活在沦陷区的北平城里,林巧稚一家大都吃混合面,很难见到这些土特产。她推辞道:"你的家境不好,这些礼物我不能收!"

"这是我全家人的一点儿心意,要是再把这些东西带回去,全家人、全村人都要骂我的。"农民执意要林巧稚收下土特产,"我也没有破费呀。你瞧,这黄米是自家种的,红枣是院子里的枣树结的,苇叶、马蔺是我从野地里采的。林医生,您就收下,包粽子过一个端午节吧。"

面对如此憨厚、朴实的农民,林巧稚的心头热乎乎的。她关心穷人的疾苦,也从他们那里获得了温暖。这种令人难以忘却的情谊是她过去在青砖绿瓦下的协和医院里从未得到过的。

1942年5月,林巧稚兼任中和医院妇产科主任。中和医院规定,治疗过程中的处置、手术等收费的费用归医生个人所得。林巧稚利用这一机会救贫济困,她对穷人降低收费标准,遇到付不起费用的病人就免收。有的病人过意不去,写了欠条,说是今后设法还钱,林巧稚就当面把欠条撕了。

"林医生,您不收费,怎么过日子呢?"患者为她担忧。

林巧稚回答道:"凑合着过吧。同胞们都在受苦,我只要能平平安安地过日子就行了。"

第六章 | 科研硕果累累
明朗的天空下

1945年8月15日,日本帝国主义宣布无条件投降。消息传来,整个北平都沉浸在极度的欢乐之中。同胞们奔走相告,个个笑逐颜开。林巧稚心花怒放,高兴地抹着喜悦的泪水。啊,苦苦支撑,总算盼来了抗战的胜利。

1948年,协和医院恢复工作,林巧稚回到协和医院继续担任妇产科主任、教授。她的生命、事业依然与协和医院紧密联系在一起。

同年11月,平津战役打响了。解放军的炮声逼近北平城,城里立时骚动起来。有人劝林巧稚到国外避避,她断然地说:"北平沦陷前,麦克斯维尔主任邀我到英国避难,我不去。后来我到美国进修,艾蒂尔先生希望我留在芝加哥,我不留。日本兵来了,我都没有离开过北平,现在却要我逃避中国同胞,我做不到。"

她还说,人民大众需要医院,需要为他们看病的医生。她理应坚守岗位,保护医院的财产。她是主任,科里的医生、护士都关注着她的言行。她不仅要留下,还要劝说同事们一起留下!

1949年1月,北平和平解放。欢快嘹亮的歌声敲打着协和医院的窗户。北平和平解放后，林巧稚依然在协和医院里，每天给病人看病，平静得如一泓清泉。

同年9月的一天，林巧稚收到一份大红的烫金请帖。林巧稚微笑着看着请帖，她的助手叶惠芳问她："主任，您去参加庆典吗？"

林巧稚摇了摇头说："新中国成立后，协和医院的工作环境平静、安宁，这样的环境是多么珍贵呀，我十分满意。我是个医生，只知道治病救人是我的天职。只要社会不再动荡，我就应该全心全意地为病人看病，实实在在地为妇女、儿童做事……"

1949年10月1日下午3时，天安门广场上的礼炮声震动了几百万北京市民的心。在这举国欢庆、万人空巷的时刻，林巧稚却在办公室里翻阅着病历，然后走向产房……

北京市修建了光亮亮的柏油马路，砌起了一座座新楼房，世道变得越来越好。此时的林巧稚已年过半百，但是她觉得自己比以往任何时候都年轻，脚步更勤快。她争分夺秒地工作，潜心研究，用自己精湛的医术，勤勤恳恳地为人民服务。

救救新生儿

1962年10月的北京秋高气爽。林巧稚面对桌上的一封病人来信,却深深地蹙起眉头。信来自内蒙古自治区包头市,写信人饱含着忧伤,向全国著名的妇产科医生呼救。

来信人名叫焦海棠,是一位母亲,她腹中的胎儿得了一种病,叫新生儿溶血病。协和医院也好,全国各地的其他医院也好,还没有治好这种病的先例。读着这封信,林巧稚似乎看到了病人痛苦的眼神,听到了一家人焦急的呼救声。给还未出生的孩子判死刑,这太残忍了,对焦海棠和她的家人会是多么大的打击呀!可是,回信请病人来京,却没有把握治好,难道要让人家白跑一趟?

林巧稚犹豫了,真难啊!因为这件事,她饭吃不下,觉睡不着。收到信的第三天,林巧稚急得直搓手,再也不能拖延了。最后,她只好叫秘书写回信,告诉病人不必来京,就地找医生诊治,免得花了钱,还得不到有效的治疗。

信寄出后,林巧稚心头的大石头并没有落下,反而越来越沉。在疑难病症的面前束手无策,还算得上是称职的医生吗?

不久,焦海棠又连续给林巧稚寄来两封信,说出了肺腑之言:"林医生,请您救救我的孩子吧,救救那个即将诞生又即将死去的小生命吧!我也知道这是很难的,我只希望您能伸出手来,死马当作活马医,治不好我们也绝不会埋怨您……"

手捧着令人肝肠寸断的呼救信,林巧稚的心在颤抖。焦海棠,一个女人,一个母亲,在痛苦的深渊中挣扎,在走投无路之时,一而再、再而三地向自己求援,能不帮助她吗?能眼睁睁地看着一条小生命离开这个世界吗?上次在回信中自己拒患者于千里之外,是自己的失职。她感到内疚、懊悔。

这天晚上,林巧稚坐在窗前,把焦海棠的信读了一遍又一遍,扪心自责道:前人无法治愈的新生儿溶血病正需要后人去攻克,都照文献记载的办法治病,医学的发展不就停滞不前了吗?过去的某些不治之症,不是在有为的专家手里变成了可治之症吗?新中国成立后,政府给我创造了良好的工作条件,人民信赖我,对我寄托着希望,我理应去解决妇产科医学中的一些难题,向新生儿溶血病发起攻击!

想到这里,林巧稚在书桌前坐下,又重新翻阅手头的资料,想从字里行间得到一点儿启示。然而,她一直熬到三更,也没有看到一丝希望的火苗。

第二天一大早,林巧稚急匆匆地赶往图书馆,借了一本本外文资料，边翻阅边做笔记。国外的治疗方法大都是运用静脉换血，但婴儿都死于换血过程中或换血之后，失败的原因在于抽血与输血的速度、数量和次数不好掌握。林巧稚想：若能解决这一难题，制定一个给婴儿抽血、输血的最佳方案，静脉换血的办法就行得通。

林巧稚的设想得到了妇产科医生们的支持，她的学生王文彬医生、姜梅医生都说："林医生，我们愿意当您的助手，有什么风险咱们一起担！"这给了林巧稚莫大的鼓舞，更坚定了她攻克新生儿溶血病的决心。

决心已下，林巧稚一边组织医生们做治疗准备，一边亲自给焦海棠写信，请她来京住院治疗。初冬，一个白雪皑皑的早晨，一位病人来到了协和医院妇产科，扬着手里的一封信说："这是林巧稚主任给我的，我是从内蒙古来找她的。"

林巧稚立即从办公室出来迎接："是焦海棠同志吧！我就是林巧稚，来，到我的办公室里坐下聊。"

和蔼的态度，亲切的声音，让焦海棠一见到林巧稚就产生了信任感。林巧稚给她端茶，请她坐在椅子上，然后便开始了医生和病人之间恳切的谈话。

"头胎的婴儿是顺产吗？"林巧稚关切地问。

"不是。怀孕 5 个月，因搬家劳累过度，孩子死于腹中。"焦海棠忧伤地说。

"二胎呢？"

"也是早产。"

"后两胎呢？"

"第三胎顺产，生下了一个白白胖胖的小子，全家人欢喜得不得了。"焦海棠眼里闪烁的火花突然消逝，沮丧地说下去，"可是，孩子出生后的第二天就不行了，全身发黄，布满斑点，医生怎么抢救也没有用，很快就死了。第四胎也一样，孩子也是全身发黄，出生后第三天就死了。"

"啊……"林巧稚为焦海棠接连失去孩子感到惋惜。

焦海棠惊恐地问："林医生，孩子到底得的是什么病？一想起前面出生的两个孩子，我心里就害怕，我这第五胎生下后，孩子也会发黄吗？"

林巧稚坦诚地说："这种病比较复杂，目前还缺乏有效的治疗办法。但你不要过分忧虑，我们会尽最大努力，设法保住即将诞生的小生命！"

"那太好了，林医生，就拜托您了！"焦海棠抹去眼角的泪花，感激地望着面前的医生。

两个月后，在医生、护士的帮助下，焦海棠顺利生产，一个胖胖的小男孩诞生了。产妇一切正常，林巧稚和医生们全部的注意力都集中在了幼小的生命上，他会怎么样呢？

不出所料，可怕的灾星来了！孩子出生3个小时后，四肢开始发黄，紧接着，上下身、脸部也开始发黄，如同蜡制的洋娃娃。症状表明，这是典型的新生儿溶血病。

林巧稚当场拍板："执行原定的治疗方案，给新生儿彻底换血！"

手术由林巧稚的学生王文彬医生操作。动手之前，林巧稚指出，关键在于掌握抽血、输血的量、速度和次数，输血量及速度照原定方案办，如果在手术过程中出现异常现象，由她来进行必要的调整。

王医生小心翼翼地从婴儿的脐静脉抽出血液，再输进新鲜血液，动作熟练准确。整个屋子里安静极了，大家屏息凝神，望着王医生的手，望着婴儿的身体。

忽然，婴儿不安地躁动起来，大家的心提得老高，紧紧地盯着林巧稚，就等手术总指挥拿主意。林巧稚镇定地拿起听诊器，病房中鸦雀无声，大家生怕发出的声响会影响林巧稚的听诊和判断，只见她轻轻地在婴儿胸口听了一阵，然后果断地伸出一只手来，将食指和拇指慢慢地捏合在一起，又慢慢地张开、捏合、张开，慢慢地，慢慢地……这是指挥信号：放慢速度！

王医生照着主任的指示办，抽血、输血的速度放慢了，一会儿，婴儿平静了下来。换血手术经历了4个小时后告一段落，婴儿身上的黄疸逐渐减少，大家露出了笑容，林巧稚也舒了一口气。

第二天中午，林巧稚房间的电话响了，话筒里传来紧急报告：减退的黄疸又在婴儿身上重新出现了。林巧稚连午饭也顾不得吃，急忙赶到病房，仔细给婴儿做了一番检查后判断：残留的坏血没有全部清理，病情正在反扑，必须做第二次全面换血。

这次换血由林巧稚的学生姜梅医生操作。有了上一次换血手术的经验，这次换血手术进行得很顺利，输血量、速度掌控适宜，婴儿没有不良反应。新鲜血液输进了婴儿体内，孩子身上的黄疸消失了，再也没有复发。又过了几天，新生儿皮肤红润，可爱极了。

中国第一例新生儿溶血病手术成功了，一直被认为无法治疗的新生儿溶血病被攻克了！

焦海棠高兴得泪流满面，紧紧拉住林巧稚的手："林主任，太感谢您了！前四胎都不行，要不是你们，这孩子的命也一样保不住。你们让这个随时可能死去的小生命获得了新生，这孩子就取名叫'协和'吧，让他将来永远记住你们！"

一个月后，焦海棠抱着"协和"回到塞外草原，孩子的身体、智力发育正常。两年后，焦海棠又有了身孕，再一次千里迢迢来到协和医院，生下一个女婴。林巧稚和她的学生又一次给新生儿换血，手术很成功。孩子长得很好看，圆圆的脸上，两颗乌黑的眼睛闪耀着生命的光泽，焦海棠给她取名叫"协燕"。

从那时起，在林巧稚的主持下，协和医院妇产科先后进行新生儿换血手术60多例，并总结了这一成功经验，向全国普遍推广。

林巧稚还致力于医治妇女的疑难杂症。一次又一次的成功，为我国的医学科学填补了一项又一项空白。

让妇科癌症低头

林巧稚手里拿着一份病历,询问值班医生:"检查、诊断准确无误吗?"

值班医生说:"主任,诊断与治疗方案是几个医生一起制定的,看来很可靠。"

林巧稚又认真地看了一遍病历:患者叫董莉,怀孕后到协和医院做检查,医生发现她的子宫颈有一个肿状物,病理检查结果表明病情有恶化的可能,治疗意见是切除子宫。

林巧稚径自来到病房,拉着患者的手问:

"结婚几年了?"

"6年。"

"以前没有怀孕?"

"没有。真想要一个孩子,这回可怀上了。"患者兴奋得脸上泛起红晕,过后又有些担心地问,"我的病能治好吗?孩子能生下来吗?医生,你可要想办法保住我肚子里的孩子呀。"

林巧稚说:"你的心要放宽,配合医生一起治好病。"说完宽慰患者的话,林巧稚回到办公室,心情反而沉重起来。

"林医生,我想找您谈谈。"患者的丈夫关君蔚到办公室找她，见林巧稚神色不对，担心地问，"您实话告诉我，我妻子的病能治好吗？"

"能！"林巧稚毫不含糊地回答。

"真的？"他面露喜色，过后又提出另一个问题，"孩子能保住吗？"

林巧稚摇摇头，如实把病情告诉了他。

这下，关君蔚神色大变，哭丧着脸说："林医生，您救人就救到底吧！我妻子太喜爱这个孩子了，她一定也希望能保住孩子，求求您了。"

林巧稚顿觉肩负的责任很重，她马上部署：为患者复查。结果仍与之前一样：怀疑是恶性肿瘤。林巧稚不死心，亲自查看病理切片并查阅国外的相关资料。经过一段时间的观察，林巧稚发现肿状物未见发展，于是她猜测这会不会是一种特殊的妊娠反应？反复推敲之后，林巧稚提出了新的治疗方案：暂不手术，严密观察肿状物，一有病变，马上采取措施。

时间一个月一个月地过去了，肿状物并没有恶化，孕妇腹中的胎儿却在长大、成熟。临产期快到了，林巧稚果断决定：为孕妇做剖宫产。

手术顺利，婴儿生下来了。事实证明林巧稚的诊断完全正确,子宫颈上的肿状物也自然消失了。

产妇出院后,林巧稚收到了关君蔚的来信,信上说:"林医生,您那种在学术上的认真、慎重的态度深深感动了我们。您既保住了我的妻子,又保住了我的孩子。我们决定给孩子取名叫'关念林',纪念您到永远!"

医院同事们的赞誉,患者及家属的表扬,并没有在林巧稚心里掀起欢乐的波澜。她反思道:在医治董莉这一病例中,我的成功仅仅在于细心的观察与准确的判断。要是患者真的患了宫颈癌,我们也只能残忍地切除她的子宫。

妇科癌症,可恶的病魔!它吞噬了多少妇女的生命,毁灭了多少幸福的家庭!在协和医院,林巧稚亲眼看见一个个妇女被妇科癌症夺去了生命,以救治病人为己任的医生,竟然在妇科癌症面前束手无策,还有何颜面见老百姓?她心里烦闷、自责。

不久,章珍姑娘的死在林巧稚心里掀起了一阵狂风巨浪,令她久久无法平静。

这天,林巧稚巡视病房,发现2号病床新来了一位年轻患者。她叫章珍,北京大学医学院学生,18岁,是一位很招人喜欢的姑娘。

她患了什么病呢？林巧稚查阅了她的病历后，心如刀绞般剧痛起来。经医生检查与切片化验后诊断：章珍是宫颈癌晚期患者。林巧稚亲自给她开药，还配合进行放射疗法，能够采取的治疗方法都用了，却全然没有效果。

林巧稚每次查房，都能见到乐呵呵的章珍，她常常在病房扫地，给同房的病人倒水，完全不像个重病号。也许是因为她还不知道自己的病情，对生活才会如此热爱。

一天，林巧稚发现章珍明显地消瘦了，脸像一朵正在凋谢的红花。她打了一个寒战：章珍生命的烛光很快就要熄灭了。

章珍的精神却很好，还微笑着向林巧稚点点头："林医生，您好！"

林巧稚关切地问："身体感觉怎样？"

"不行，全身越来越没有力气了。"她摇摇头，笑着说，"我知道自己患的是不治之症，可是不能哭丧着脸等死呀。能够活在世上一天，就要活得像样些。林医生，您说是吗？"

林巧稚的心猛地一震，她紧紧握住章珍的手，感动地说："章珍小妹妹，你是对的，完全对！"

林巧稚发现，章珍的床前放着一摞书，有《钢铁是怎样炼成的》《真正的人》等。显然，她从许多杰出人物的身上汲取了力量。她青春似火，要不是患了病，一定是个朝气蓬勃、很有作为的青年。

不久，妇科癌症吞噬了章珍的生命。眼看刚刚扬起的生命风帆被吹落，林巧稚悲痛至极。她立下誓言：征服妇科癌症是我的夙愿！虽然这是一项很大、很难的工程，但无论如何，我一定要为此用尽毕生的精力，即使只能为这项医学工程添一块砖、加一片瓦也是好的。

此后，一生奋勇拼搏的林巧稚竭尽全力向妇科癌症发起猛烈的攻击。

在林巧稚的主持下，北京市开展了对妇女居民进行的妇科癌症普查项目。

整整一个夏天，林巧稚和助手们顶着烈日，走街串巷，挨家挨户地调查，终于收集到了珍贵的数据，掌握了妇科癌症患者的第一手材料。接着，林巧稚倡导的全国性癌症普查普治工作取得了令人振奋的成果，使许多患者得以早发现、早治疗，宫颈癌的死亡率很快降了下来。有关全国性癌症普查普治的论文发表后，引起了国际上的强烈反响，后来被收入作为我国参加国际肿瘤会议材料的论文集，受到各国代表的广泛重视。

有一次，林巧稚家里非常热闹，亲朋好友正在为她过生日。

当丰盛的饭菜摆上桌时,电话忽然响了,医院值班医生报告说,有位患有妇科癌症的产妇难产。林巧稚放下筷子就要走,亲友们不免有些扫兴,她却兴致勃勃地说:"我到产房去过生日更有意义,不是吗?我为难产的孕妇接生,当小宝宝在我的生日这天降临人世,那哇哇的啼哭声就是最动听的生命赞歌。这种生日礼物,对我来说是最好不过的了。"

这天深夜,林巧稚回家后躺在床上,心里很不平静。孕妇经剖宫产生下了孩子,大人却因患有妇科癌症没有保住。与妇科癌症斗争,看来还要经历很多个回合,单靠老一辈的医学工作者是不行的。过了生日,她又老了一岁,岁月不饶人呀!要攻克妇科癌症,还得靠下一代人的继续努力。

之后,林巧稚找来了她的学生连医生、宋医生,把她自1948年以来积累的资料统统交给了他们。她郑重地说:"这是我对妇科肿瘤和癌症研究多年的心得,现在交给你们了!"

"主任,您……"连医生和宋医生感到愕然。

林巧稚语重心长地说:"我年纪大了,就该做医学发展的铺路石。你们年轻力壮,就踩着我这块石头向前走吧!"

不负林巧稚的期望,她的后辈宋鸿钊等医生经过多年的努力,终于在前辈已经打好的坚实基础上,找到了一整套治疗子宫绒毛膜上皮癌的行之有效的方法。妇科癌症的难关在中国人的手里先打开了一道缺口,在全世界引起了轰动。

　　林巧稚却说:"这仅仅是让妇科癌症低头的第一步,我们还要走第二步、第三步……"

随时随地的值班医生

林巧稚一边进行医学研究，一边尽心尽力地治病救人。她说："我随时随地都是值班医生！"

1961年，林巧稚回到故乡厦门。汽笛长鸣，列车正在长堤上行驶。林巧稚倚着车窗，望着延伸的长堤，心潮起伏：铁路修好了，厦门不再是孤零零的海岛了，中国人变得更有力量了。林巧稚满怀喜悦，一头扎进家乡温暖的怀抱。

这次回厦门，距上次返乡已经过了20年，距离家求学那年已经过了整整40年。当年，她划着"金小船"从这里出发，孤身一人出去闯荡。40年后，年轻的鼓浪屿女儿已变成了两鬓斑白的老人，成了誉满中外的妇产科专家、中国科学院第一位女学部委员（现称院士）。

这次，林巧稚是以外出考察的名义回来的，被安排在鼓浪屿宾馆下榻，所到之处都受到优厚的礼遇和盛情的款待。她常常外出拜访旧友，见到当年的邻居也特别高兴，紧紧握住对方的手不放。

有人说："林医生，您现在是专家了，还记得我们吗？"

林巧稚真诚地回答："其实，我和你们一样是人民中的一员，一个给人治病的普通医生！"

是的，在返回故乡的短暂日子里，林巧稚依旧履行了一个医生的职责。

这天，林巧稚回到厦门市郊的老家。新修的水库、丰产的稻田、新建的房屋都深深地吸引着她。为了多了解一点儿南方农村的实际情况，她决定在老家留宿。

忙了一整天，林巧稚甜甜地进入梦乡。午夜时分，她忽然起身来到侄儿林嘉全的房间，唤道："嘉全，有人敲门。"

林嘉全揉了揉惺忪的睡眼说："深更半夜不会有人找上门来的，三姑，您放心睡觉好了。"

"我明明听见了敲门声。"林巧稚强调说。

话音刚落，"砰砰！砰砰！"的敲门声急速传来。

林嘉全心头一热：三姑一辈子为妇女接生，连觉都睡不踏实，深更半夜老是等着人家上门找她。可不是嘛，刚才的敲门声一下子就把她惊醒了。

门开了，林巧稚身在屋里，心却牵挂着屋外发生的事。听到林嘉全和来人的对话，她知道有人难产了，来人想请林嘉全当司机把产妇送到市医院，因为林嘉全的车就停在门外……

林巧稚挑起门帘，站在屋檐下的石阶上急切地问："出了什么事？"

林嘉全指着一位50岁上下的妇女说："这是邻村的球花婶，她的儿媳妇难产，要我帮忙把产妇送到市医院。"

林巧稚问："附近没有医院吗？"

"儿媳妇已经不省人事了，脸上没了血色，嘴唇发黑。我去附近医院请护士和助产士来到我家，她们见情况紧急，慌了手脚，说这种情况要送市医院抢救。我只好来求嘉全帮忙。"

林巧稚对林嘉全说："救人如救火，快开车吧。"

林嘉全劝她："三姑，您都60岁了，昨天累了一天，天亮以后还要继续工作，您就回屋歇息吧。"

"我可以帮忙。"林巧稚坚持说。

"三姑，这件事不在您的职责范围之内，情况危急，要是……"

林巧稚听得出，侄儿是怕产妇万一出了事，她会下不了台。作为全国赫赫有名的专家，难道在家乡救不了人吗？真是多心了。林巧稚正色道："嘉全，你不必顾虑！你三姑随时随地都是值班医生，在北京也好，在厦门也好，无论在什么地方，救治危重的孕妇都是我的职责！"

她上了汽车，坐稳身体，马上下命令："快，开车！"

到了球花婶家，走进产妇的房间，只见年轻的护士和助产士慌张地在屋子里团团转，不住地发问："车来了吗？车呢？快！快送到市医院！"

"别急，我来看看。"林巧稚稳住了她们的情绪，快步来到产妇跟前。

护士和助产士愣住了，面前这位老人是谁？她能救治情况危急的产妇？只见老人接过她们手中的听诊器，熟练地给孕妇做起检查，随后给孕妇喂热汤，待她苏醒，便认真查问病情，态度是那么和蔼，语气是那么亲切。

林巧稚判断，产妇现在的情况属于胎位不正造成的难产，只要采用外部推移法，把异常胎位推成正位就行。林巧稚说："现在送市医院恐怕会耽误时间，影响产妇的情况，就在这屋子里生产吧。"林巧稚的手在产妇的下腹部轻轻地揉动着，还贴着孕妇的耳朵，沉稳地鼓励说："痛苦很快就会过去，你就要生下胖娃娃了，别怕痛，忍一忍。对，鼓起勇气，吸口长气，使劲，用力……"

护士和助产士被眼前的场面深深地打动了，陌生老人动作熟练，对待产妇亲切温和，这是她们从未见过的。护士想起当时自己对产妇的情况毫不在意，感到很内疚。像是为了弥补过

失似的,她跟在林巧稚身边当助手,一会儿泡洗毛巾,一会儿冲热开水……

"哇!哇!"婴儿呱呱坠地,是个可爱的男孩!球花婶乐得合不拢嘴,紧紧地拉住林巧稚的手:"老姐姐,您的医术真高,大人小孩都平平安安的,我家有福气,遇上您这位神医!"

在深夜里忙碌了3个小时,林巧稚浑身汗淋淋的,她擦了擦额头上的汗,向球花婶微笑着点点头。

护士悄悄问球花婶:"她是从哪里来的医生?"球花婶摇摇头:"我也不认得。对,我到屋外问问嘉全。"

一听说面前这位慈祥的老人就是全国著名的妇产科医生林巧稚,护士和助产士惊讶得张开嘴巴,好一会儿才问:"林医生不是在北京的协和医院吗?"

"林医生回家探亲,知道咱家儿媳妇难产,就主动赶来了。人家是大名医,半点儿架子也没有,这么好的医生,咱们一辈子也忘不了!"

球花婶的一声声赞扬,把护士羞得满脸通红,不住地搓着衣角,恨不得钻进地缝里去。

从球花婶家出来,护士惭愧地对林巧稚说:"林医生,我错了,您批评我吧!"

林巧稚的双手轻轻地放在护士的肩上,亲切地说:"护士工作够辛苦的,一天要照看那么多病人。在又累又忙的时候,更要记住自己的职责,把病人的冷暖放在心上。"

"林医生,您的话我记住了,一辈子也不会忘记!"护士感动地说。

林巧稚医生深夜抢救产妇的事迹很快被传开了,成为家乡的一段佳话。

1965年4月,林巧稚随中国医学科学院巡回医疗队来到湖南省湘阴县洞庭湖区。

这支医疗队由首都著名的医学教授组成,中国医学科学院黄家驷院长担任队长。林巧稚年纪太大,本来是不能去的。可是她一再要求,才被批准参加医疗队,成为这支医疗队中年龄最大的队员。

医疗队驻扎在洞庭湖畔的关公潭。在土砖青瓦盖成的平房里,林巧稚和其他队员一起动手刷墙、糊窗,勉勉强强才建起一个临时诊疗所。他们白天赶路,劳累了一天。夜里,林巧稚睡得很香很甜,她在梦里仿佛看见了绿如翡翠的湖水和生机勃勃的花草树木……

一阵紧似一阵的敲门声打断了林巧稚的美梦,她惊醒过来,披衣下床。门一打开，一位光着脚的庄稼人焦急地问："北京来的医生住在这里吗？村里有位孕妇难产，病情紧急，我们把人送来了。"林巧稚随着他手指的方向望去，只见远处的火把闪着光，越来越近。不一会儿，几个青年抬着一副担架进了屋，担架上的病人脸色煞白，神志不清，急需抢救。

林巧稚一时犯难了：这里既无助手又无设备。可是病人都送上门了，非做手术不可，而且要做成功。咱们医疗队来这里就是为了治病救人，责任重大，再也不能犹豫不决了！

办法是人想出来的。没有手术台，林巧稚从老乡家里借来门板，搭放在两个装药的箱子上面。无影灯嘛，只好借两盏煤油灯代替了。接着，她又把农家用的蒸笼借来当作消毒用的蒸锅……

林巧稚动手检查，原来产妇是先天性的骨盆狭窄，婴儿体型又大，必须使用产钳助产。旁边没有助手，要用如此简陋的设备接生，难度很大。她聚精会神地工作着，额头上沁出滴滴汗珠。

一个小时过去了。

两个小时过去了。

清晨3点，伴着哭声，一个婴儿出生了。陪伴产妇的乡亲们回去逢人就说:"北京来的医生真行!"

又一个夜里,乡亲们火急火燎地抬来一个难产的产妇。她躺在简易的手术台上,已经昏迷,气息微弱。产妇的丈夫守在旁边摇头叹息,伤心地说:"没救了,有去无回了!"豆大的泪珠扑簌簌地掉下来。

林巧稚安慰他说:"你及时把她送到这里,就有了希望,我会尽力救活她。"

"真的?"产妇的丈夫眼里跳动着希望的火苗。

产妇很年轻,20岁怀了头胎,得了妊娠毒血症。她全身水肿,血压很高,情况十分危急。林巧稚先给她输液、打针,等她苏醒过来、恢复了体力后,又为她做了几个小时的产程处理。在孩子就要生下的紧急关头,产妇下身剧痛,全身乏力。林巧稚给她一块卫生棉,要她咬住,忍忍痛,又把自己的手伸给产妇,对她说:"使劲,用力!"林巧稚感到自己的手被握得越来越紧,便鼓励她:"很好,再用力!"这位孱弱的产妇就这样从林巧稚的身上汲取了力量,把孩子生下来了。

望着自己被产妇握过的手,林巧稚感到无比欣慰。她常常把手伸给呻吟中的产妇,让她们抓住,以减轻她们的痛苦,给予她们力量。当年曾有不理解这种行为的医生在背后讥讽她:

"靠拉拉病人的手,就能当名医、升教授?"林巧稚却发表见解说:"你伸出了手,病人得到了帮助,这有什么不好!产妇进了医院,就郑重地把生命交给了我们,我们应该给予关照、体贴,每件细微的事情都不能放过。产妇在分娩时剧痛难忍,她要寻找帮助,要抓一件东西,难道让她抓住铁床架吗?这样很不好,她的手关节会因此受凉,容易得病。这时候,最好的办法是把你的手伸过去……"林巧稚把温暖的手伸给了成千上万的产妇,如今又伸给了这位洞庭湖区的产妇,取得了非常好的效果。林巧稚已经64岁了,还能给予妇女们帮助,怎能不令她感到欣慰呢!

可是,婴儿虽然生下了,却听不见一声啼哭,他窒息了!这里没有氧气瓶和人工呼吸器,林巧稚只好用自己的双手进行抢救,她小心翼翼地开始尝试为婴儿做心肺复苏。时间一分一秒地过去,奇迹发生了。随着林巧稚的动作,婴儿开始恢复呼吸,"哇!哇!"婴儿哭了起来。

听到婴儿的哭声,产妇的丈夫推门而入,见孩子平安出生,乐得合不拢嘴,连声说:"好小子,你得了条小命,你妈妈也得救了!"

林巧稚见产妇和婴儿都很正常,叫他放心,先回家通知在家里焦急等待的父母。产妇的丈夫满面春风,消失在夜幕里。

林巧稚安置好产妇,躺到床上已是深夜。下半夜,她睡得很沉,一觉醒来,红日已高挂在院子的树上。她推开门,不禁愣住了:树下坐着一家子人,有产妇的丈夫,还有他年迈的父母。

这是怎么回事?

原来,产妇的丈夫半夜回家报喜,父母喜出望外,怎么也睡不着觉,一家人就专程来道谢了。他们见林医生已经熄灯睡觉,怕惊动她,便悄悄地坐在屋前等候,从深夜一直等到天亮。这会儿,见林巧稚开门了,一家人全拥了上来,向她道谢。两位老人乐呵呵地说:"林医生,您是神医下凡,来救治咱洞庭湖区的百姓,咱们得福啦!"

林巧稚用精湛的医术为医疗队赢得了信誉和声望,找她看病的人接踵而至。许多人一走进诊疗所就问:"有个瘦瘦的林老太太在哪里?我专找她治病来的。"林巧稚越忙越有劲,待乡亲们如同亲人,既认真又热情,一天接诊人数最多时竟达150人。

林巧稚见年老体弱的妇女上诊疗所看病很不方便,有被搀扶来的,有被抬来的,心里很不安。下乡之前,医疗队接到的指示是"有病送医药,无病送温暖"。她牢记这一教导,甘愿

第六章 科研硕果累累

自己多吃苦,也要把医药、温暖送到乡亲们的家门口。于是,林巧稚和她的学生许珩医生常常提着药箱,游走在村中,一方面为乡亲们看病,另一方面为育龄妇女做体检。

洞庭湖夏季多雨,路面坑坑洼洼。林巧稚走在泥泞地里,一步一滑,溅得全身都是泥,只好拾起路边的树枝当拐杖,探着路继续往前走。

一天下午,林巧稚和许医生去一个稍远的村庄出诊。黄昏时分,突然乌云密布,雷声隆隆,眼看就要下暴雨了,乡亲们劝她赶紧回诊疗所。林巧稚见身边还有几个人在候诊,也顾不上自己,执意把病人看完再走。在协和医院,她多年来养成了一个习惯:没有给病人看完病是不下班的,绝不会扔下病人就走。

当林巧稚看完最后一位病人时,夜幕已落下。她一出门,雨点就噼里啪啦地落在头上,路边的水沟里也积满了水,漫到了路面上。她右脚踩下去是水,左脚踩下去是泥,用力一拔,左脚上的平底布鞋竟陷进了泥地里。这样走路非常不方便,她索性弯下腰把右脚上的鞋也脱了,光着脚在泥地里跋涉。

当她在许医生的搀扶下颤巍巍地走回驻地时,医疗队一行人正要出发寻找她,怕她在雨夜里出事。一见到林巧稚,大家就高兴地叫了起来:"林医生!林医生回来啦!"

队长黄家驷闻声出来,把林巧稚迎进屋。林巧稚一手拄着"拐杖",一手拎着鞋,裤脚卷得老高,全身已湿透了。

黄家驷担心地说:"林医生,您可把大家急坏了,往后可不能这么晚才回来呀!"

"我不能向队长作保证,看病哪有个准时间?"林巧稚爽朗地笑着,风趣地说,"大家不用担心,我不会掉进洞庭湖的。"

林巧稚对乡亲们尽心尽责。考虑到医疗队走后,当地百姓看病仍然有困难,她就办了妇幼保健短训班。林巧稚亲自给一群本地的姑娘讲课,手把手教给她们医疗技术,为当地培养了一支医疗队伍。

这次下乡巡回医疗持续时间长达3个月,给林巧稚留下了难忘的印象。

第七章 | 春蚕吐尽了丝
发挥余热

十几年风雨过去了,林巧稚已是年近80岁的老人,可是她依然像年轻人一样有朝气、有活力。她给病人看病、做报告、搞科研、参加社会活动,像个陀螺一样不知疲倦地打转。"夕阳无限好",林巧稚要将自己生命最后的光与热洒在这块她深爱的国土上。

1978年冬天,中国人民友好代表团访问西欧四国,林巧稚任副团长,出访的第一站是伦敦。

伦敦是林巧稚40多年前第一次走出国门所到的地方,故地重游,旧友重逢,她兴奋不已。然而,她毕竟老了,患有严重的高血压,伴有动脉硬化症。在伦敦繁忙的外事活动中,她太劳累了,渐渐难以支撑。

这天,林巧稚到剑桥大学访问,遇到40多年前结识的老朋友。那位老朋友特别热情,邀请她到家里做客。晚餐时,面对丰盛的菜肴,林巧稚却无法用僵硬的左手握住餐具,只好由主人为她盛菜舀汤。第二天,主人向她道早安时,惊讶地发现她的嘴歪了,便立即驱车送她到医院。

林巧稚生病住院的消息很快传开了,英国医学界为之一震。

他们熟悉且敬重这位在妇产科学领域有卓越贡献的医生，如今她作为友谊的使者来到英国，竟不幸病倒，怎能不引起他们的重视？英国的各家医院纷纷发出邀请，欢迎中国名医林巧稚到他们那里去治疗。随后，法国和荷兰的医院也发来了邀请。

林巧稚婉言谢绝了这些邀请，她对代表团的同事们说："请转告中国大使馆，我不留在国外，请设法把我送回国内住院治疗吧！"

代表团的同事们劝她："这里的医疗条件比国内好，等治好病再回国也不迟。"

林巧稚摇了摇头，坚定地说："不行，我要回国，越快越好。我知道自己病得不轻，单靠药物是治不好我的病的。我需要祖国的阳光、空气、水分……"她躺在病榻上，把双手捂在心口上，说："我的意思你们明白吗？"

代表团的同事们和中国大使馆的工作人员都被林巧稚的爱国之心所打动，理解面前这位老人此时此刻的心情。在她漫长的生活历程中，每当民族危难的紧要关头，每当生活过得最艰难的时刻，她总是把心紧紧地贴在祖国母亲的胸膛上，只有这样她才能继续生存。遵照林巧稚的意愿，大家很快把她送回了祖国。

说来也奇,林巧稚回国后,病情立即有了明显的好转。她躺在自己工作过多年的医院里,听着祖国的声音,感受着祖国泥土的气息,心神安宁、坦然,药物在她身上产生的疗效也非常好。

在一个阳光明媚的日子里,林巧稚接受了《中国青年报》记者的采访。

"你们来得正好。"林巧稚靠在藤椅上,道出了自己的心声,"我这次得病,急着从国外回来,原因之一就是我感到自己老了,能够为国家做事的时间不会太长了。在我临去之前,我有许多事要交代,心里有许多话想对青年朋友们讲。"

她的精神很好,一谈就是一个下午,向青年们谈理想、谈成长,也回答了记者提出的问题。

"青年朋友常来信让我告诉他们成才的秘诀。每次看到'秘诀'这两个字,我总是情不自禁地笑了。坦率地说,什么秘诀也没有!我自己走过的道路,自己最清楚。我所经历的一切都告诉我,唯一靠得住的经验就是勤奋。一勤天下无难事!"林巧稚侃侃而谈,最后语重心长地说,"我说的是一句普普通通的格言,老年人说这句话时与青年人说这句话时的感受是不同的。青年人讲的是格言本身,而老年人讲的是格言里面包含着的他的全部生活。"

林巧稚兴致很高。虽然左手已经不能活动，但右手还比较灵活。她想从藤椅上站起来，便用右手支撑着扶手。记者过去扶她，林巧稚却说："我自己来！我还能够站起来！"

林巧稚支撑着，硬是靠自己的力量从藤椅上站了起来。

经过半年的医治，林巧稚还没有痊愈就急着出院。这次病倒使林巧稚感到时间紧迫，出院后的她比以前更勤奋了。她编书、审稿，接见来访的国际友人，出席各种会议。

有人劝她："林主任，您的身体还没有恢复，不能太劳累了！"

林巧稚淡然一笑说："我是一刻钟也闲不住的，闲下来我就会感到寂寞、孤单，生命就会完结。只要我一息尚存，我存在的场所便是病房，我存在的价值便是医治病人……"

可林巧稚毕竟年事已高，左手又不能活动，不能亲自给病人检查、给产妇接生。但她大部分时间仍然在医院里，为治疗疑难病症的医生当参谋、出主意，指导科室的工作，亲自翻阅并回复来自全国各地的求诊信。

一天，林巧稚接到一位叫张恩会的战士的来信。信上说，他的妻子张香梅在1978年得了两场大病，发高烧，打冷战，腹痛不止。先后去 8 家医院看过，住院 22 个月，做过 4 次剖腹手术，但没有什么疗效。最近妻子的病情恶化，不知道能否治好……

林巧稚当即回复："请详细陈述患者病情，以便我们考虑医治方法。"

张恩会收到回信，喜出望外。他给林医生写信纯属偶然。在他为妻子求医无门时，有一天连长找到他，手里挥动着一张《光明日报》，兴奋地说："小张，好消息，你爱人有救了！"报上刊载了一位解放军战士的感谢信，称赞林巧稚医生对待病人似亲人，治愈了他生命垂危的妻子，其病情几乎与张香梅的情况一模一样。

连长鼓励他："小张，马上给林医生写封信！"

张恩会有些犹豫，他妻子已经做了 4 次手术，病情都没有好转。乡亲们劝他："把那么多钱扔在医院，让香梅挨了一刀又一刀，这不如给她买点儿吃的补一补，别让她再受这种罪了。"如今，再把妻子送到医院做手术，若还是治不好，岂不是给她增添肉体上和精神上的痛苦吗？再说，林医生是全国有名的专家教授，年纪又那么大，人家会去读他寄的一封信吗？

后来，经不起连长的再三催促，张恩会惴惴不安地给林医生写了一封信。没想到,林医生居然迅速给他回了信。他和妻子都十分激动,在灯下一遍又一遍地读信,连夜回信说明病情。过了一段时间,他们接到了林医生的第二封信,信中说:"请尽快把患者的所有病历都寄来!"病历寄出后,他们又收到林医生的第三封回信:"请赶快到医院来接受治疗!"

面对林医生的3封来信,张恩会夫妇转忧为喜,兴奋得彻夜难眠。他们当下准备行装,安排妥当后,便火速赶到医院。门诊医生为难地说:"没有床位,请病人先在外面住几天吧。"林巧稚知道后果断地说:"张香梅的病情严重,怎能拖着不治疗?人家又是从农村来的,一路上舟车劳顿。作为特殊病例,让她先住在观察室,床位一空出来,就住进病房。"

在林巧稚的精心安排和指导下,张香梅住院观察,然后接受了手术。一切都很顺利,半个月后她就恢复了健康。出院时,林巧稚专门到病房来看她,拉着她的手说:"孩子,你还年轻,以后的日子还长着呢。回家后要好好休息,等体力恢复后再下地干活儿。往后有到北京的机会,记得来做复查,把身体养得好好的,让你爱人在部队里安心!"张香梅听着听着,热泪滚滚,一头扎进林巧稚的怀里。

张香梅回村时,比她办婚礼时还热闹。家里人放了几挂鞭炮,逢人就说:"就冲着林医生的3封来信,我们庄稼人就应当感谢她!"

4个月后,张香梅的体重增加了,下地干活儿比别人都有干劲。麦子收割后,张恩会夫妻俩特地赶到北京送给林巧稚一面大镜子,镜面上写着"情深义重,妙手回春"。

八十大寿

8根大红烛闪烁着欢乐的火苗,生日蛋糕散发出盈盈的喜气。

紧邻病房的会议室里,气氛热烈、明快,人们在向林医生祝寿,林巧稚向众人道谢,一片欢声笑语,其乐融融。

1980年12月23日,林巧稚79周岁。家乡厦门习惯于算虚岁,亲朋好友便依照她家乡的风俗,为她庆贺八十大寿。

林巧稚身穿缎面棉袄,坐在靠窗的大沙发上。她的学生们像众星捧月一般,紧紧地围着她,和她一起拍照、畅谈。

"林主任,您从医多久了?"

"整整50年了。如果我能重新获得一次生命,我真想再干50年。"

"林主任,您接生了多少婴儿?"她思索着,微微弹动手指头,然后认真地说:"有5万个了吧。"

学生们激动地叫喊道:"真棒!林主任做八十大寿,从医50年,接生5万个婴儿。80、50、5万,这一串数字就是一首最美丽、最动听的生命赞歌!"

她的学生郎景和医生抑制不住内心的激动,清了清嗓门儿,当众朗诵了一首献给老师的诗:

经您亲手接到人间的孩子，
又有了孩子，或者孩子的孩子；
经您亲切教导的学生，
又有了学生，或者学生的学生……
您是生命天使、医学泰斗，
人们记载您的功德，直到永远！

几个月前,林巧稚又住进了医院,这是她一生中第十一次住院,也是最后一次住院。住院前,她接连两次摔倒,脑部受震荡,旧病复发了,病情日益恶化。经过治疗,她盼望着能再一次站立起来,然而奇迹并没有出现。眼看着护士为自己护理,她痛苦地想:我活着是为别人治病的,是为别人排忧解难的,怎么能反倒让别人照顾我呢?她的心情一直不佳,既焦虑又烦躁。

庆贺寿辰时的欢声笑语扫去了林巧稚心中的烦闷。置身于坦诚、热情的亲朋好友之间,听着烛光下的赞歌,她心中升起了神圣的亮光。是啊,她已经老了,即将走到生命的尽头。值得欣慰的是,人们了解她,她更了解自己,她没有内疚,没有牵挂,没有悔恨,尽可以瞑目而去。

这夜,她躺在病床上,久久望着映射在天花板上的灯光。那斑斑点点的光影,幻化成家乡鼓浪屿波光粼粼的海面。那年,她只有10岁,爸爸和她来到港仔后海滨,爸爸一边看着在海里嬉戏的浪花,一边给她讲了一个令她终生难忘的故事:

三国时,有位名医叫董奉,福建人。传说有一次,州官士燮得了重病,昏迷三天三夜。董奉开了3帖药,就把州官从死神手里拉了回来。此事传开后,董奉名声在外,官府请他当医吏，却被他一口拒绝。董奉背着药箱，到处为穷苦百姓治病。后来他来到庐山脚下定居，专为江西的乡亲们看病。他给人看病分文不取，只要求患者病好后在庐山的莲花峰下种5棵杏树。几年后，莲花峰下杏树连着杏树，足有十几万棵。董奉在莲花峰下盖了一间茅舍，自己就住在这片明媚如霞的杏林里。凡有人来买杏，可自行去树上采摘，然后留下一些稻谷。董奉把得到的稻谷全部用来接济庐山一带的穷困人家。

爸爸讲完这个故事，望着满面稚气的林巧稚说："董奉自己无所求，他求的是百姓的利益。不做良相，甘为良医。普天之下的良医都有一颗像董奉那样善良的心，一生为别人……"

林巧稚牢牢地记住了董奉的故事。从医50多年，她不正像董奉那样，无休止地将自己的一切奉献给了人民吗？尽管一个人的能力是有限的，但能够献出的，她就从不吝惜，就像春蚕那样，愿意吐尽最后一根丝。

最后的时光

转眼到了1982年春天,林巧稚的病情突然恶化。专家聚集在一起为她会诊,实施了精心研究的治疗方案后,林巧稚的病情并未好转,常常处于昏迷之中。

林巧稚病重的消息传开后,立即牵动了千万人的心。那几万个她接生的孩子,那几千名她治愈的妇女,那几百个她培养的医生、护士,还有他们的家属,他们的亲朋好友,无不惦记着敬爱的林医生。从四面八方寄来的一封封慰问信堆积在她的床头,探望她的人络绎不绝,有来自全国各地的,有来自国外的,他们都在为林医生的健康祈福。

她的故乡鼓浪屿也有人专程来看望她。这天,她见到了乡亲们,精神突然变好了,神志也特别清醒。望着从家乡带来的风味小吃,她舔了舔嘴唇,指点着说:"这是糯米粽子,那是槟榔芋头,还有庆兰馅儿饼,都是我最喜欢吃的,那味道真好!"她还拉着乡亲们的手,情真意切地说:"我是鼓浪屿的女儿,我常常在梦中回到故乡的大海边。那海面真辽阔,那海水真蓝、真美……"

林巧稚闭上眼睛,沉浸在无尽的遐想中。她似乎又回到了遥远的故乡，回到了遥远的童年。那蓝色的海、白色的浪，还有那首永远回响在她心中的歌：

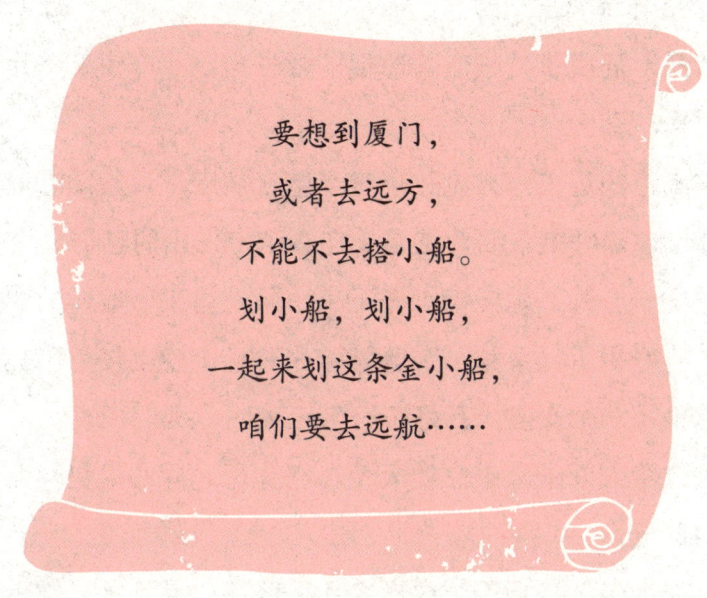

要想到厦门，
或者去远方，
不能不去搭小船。
划小船，划小船，
一起来划这条金小船，
咱们要去远航……

她唱着，轻声地唱着，却充满无限深情，深陷的眼眶里饱含泪水。

第八章 | 身后
瞑目长眠

1983 年 4 月 22 日。

清晨，病房里传来一阵急促的呼喊声："产钳，产钳，快拿产钳来！"

护士推门进去，只见林巧稚平躺在病床上，紧闭着双眼，嘴里却不住地呼喊。啊，这是她在昏睡中发出的呓语。

过了一会儿，她慢慢平静下来，脸上露出一丝微笑，喃喃自语："好极了，又是一个胖娃娃……一个晚上接生了三个，两个男孩，一个女孩，真好……"

这位给人间带来生命的天使，在弥留之际心里仍然惦记着祖国的孩子们！

这天上午，林巧稚的血压突然下降，心率几乎为零。医护人员全力以赴地抢救，都无法挽救她的生命。

12 时 15 分，她停止了呼吸。

12 时 20 分，她的心脏停止了跳动，

神州大地上的一代名医林巧稚与世长辞，终年 82 岁。

她留下了感人肺腑的遗嘱：

第八章 身后

平生积蓄的 3 万元全部捐献给首都医院幼儿园、托儿所；

遗体献给医院作医学研究用；

骨灰撒在故乡——鼓浪屿周围的海面上。

不尽的哀思

林巧稚走了，带着欣慰的微笑，而把一切都献给了她终生热爱的祖国。

前来与林巧稚的遗体告别的有工人、农民、战士、科学家及社会其他各界人士。来自全国各地的唁电、唁信雪片般地飞来。

遵照林巧稚的遗愿，她的一部分骨灰被送回了家乡鼓浪屿。

家乡人民为缅怀这位鼓浪屿的优秀女儿，在鼓浪屿建造了一座小巧玲珑的纪念公园——毓园。

毓园不大，很朴素，却端庄而秀丽。园中竖立着林巧稚的塑像。她穿着一袭白褂，两手交叉前握，面露慈祥的微笑，迎朝晖，沐海风，与天地共存。

这里宁静、肃穆、雅致，常常有人手持鼓浪屿地图寻路前来缅怀林医生。这些人来自祖国的东南西北，男女老少都有。谈起林医生，人人崇敬，妇女尤其视她为女中豪杰、学习楷模。

每年清明前后，络绎不绝的瞻仰者走进毓园，在塑像前敬献上一篮篮鲜花。这是一年中毓园最为热闹的时候，人们带着缅怀之情而来，离去时带走的是沉甸甸的精神财富。

第八章 身后

丰碑永存

在毓园中立着19本石头雕成的"书",书页上铭刻着林巧稚的名言:

> 我随时随地都是值班医生,无论是什么时候,无论在什么地方,救治危重的孕妇,都是我的职责。
>
> 只要我一息尚存,我存在的场所便是病房,我存在的价值便是医治病人。
>
> 我一闲下来就会感到寂寞、孤单,生命就会完结。
>
> 我是一个中国人,一位中国医生,我不能离开灾难深重的祖国,不能离开战乱中需要救治的中国病人。科学可以无国界,科学家却不能没有祖国啊!
>
> 我知道自己病得不轻,单靠药物是治不好我的病的。我需要祖国的阳光、空气和水分……
>
> 新出来的太阳比什么都好。我爱这明朗的天空和这明朗天空下的生活。
>
> 我愿为年轻同志当铺路的石子、向上的梯子,你们年轻人就大胆地踩着我的肩膀上吧!
>
> ……

立于毓园的林医生是不朽的,她的精神光辉将随着时间的推移越发亮丽、光彩!